S. 32

WALTHER ROGGENKAMP

HILDEGARD GERBERT

Bewegung und Form in der Graphik Rudolf Steiners

MIT EINEM BEITRAG VON HAGEN BIESANTZ

VERLAG FREIES GEISTESLEBEN

Alle Rechte an den Skizzen und Texten Rudolf Steiners
bei der Rudolf-Steiner-Nachlaßverwaltung Dornach

Einbandgestaltung nach einem Entwurf von Rudolf Steiner
von Walther Roggenkamp

© 1979 Verlag Freies Geistesleben GmbH Stuttgart
Satz und Druck: Greiserdruck, Rastatt
Buchbinderische Verarbeitung: Spinner, Ottersweier
ISBN 3 7725 0710 7

Inhalt

Vorwort

Die Motive zu diesem Buch haben sich durch die praktische Arbeit auf dem Gebiet der Graphik ergeben, aus der Frage: Wie können die Anregungen und Entwürfe Rudolf Steiners zu eigenem schöpferischen Tun führen, im Einklang mit den inneren und äußeren Aufgaben der Anthroposophie? Nach dem Zweiten Weltkrieg, als die Grenzen der Schweiz sich wieder öffneten, fand ich bei dem Schauspieler Werner Teichert in Dornach eine private Sammlung graphischer Gestaltungen Rudolf Steiners für Bücher, Prospekte, Briefbögen und Karten. Weitere Einsichten wurden mir durch das Werk von Hedwig Hauck «Handarbeit und Kunstgewerbe», 1937, zuteil, in welchem viele Zitate und Hinweise Rudolf Steiners enthalten sind. Emil Schweigler veröffentlichte mit dem Buch «Rudolf Steiner als illustrierender Künstler», das mit Unterstützung von Werner Teichert und Edwin Froböse 1941 erschienen ist, erstmalig eine Übersicht der Entwürfe.

Dieses Studienmaterial bildete die Grundlage für die vorliegende Arbeit, in welcher der Versuch unternommen wird, durch Gliederung der Beispiele Ansätze des künstlerischen Schaffens zu finden, ist doch auf diesem Gebiet der bildenden Kunst nur wenig weiterentwickelt worden. Zu schnell und leicht wird «Beschränkung, Einseitigkeit und Gleichförmigkeit» der Formen befürchtet und das Bemühen als ein nur der anthroposophischen Bewegung zugehörendes betrachtet. Wie in der Malerei, Plastik und Architektur, wie in allen Lebensgebieten, ist auch hier der künstlerische

Impuls von Rudolf Steiner für jeden Menschen gegeben. Daß die Zeitentwicklung nur zögernd dieses Angebot, diesen umfassenden Kunstimpuls aufnimmt, liegt an der Verkennung der lebensnotwendigen Aufgabe der Kunst überhaupt.

Das Studienmaterial, das zur Verfügung stand, wurde nach und nach besonders durch die praktische Tätigkeit immer eindringlicher und auch durchschaubarer. Die Anregung, aus diesem Material ein Buch zusammenzustellen und damit Künstlern und Lehrern für ihre Arbeit methodische Hinweise zu geben, kam von Dr. Hildegard Gerbert. In der intensiven Zusammenarbeit mit ihr entstand diese Darstellung.

Dr. Hagen Biesantz, diesem Teilgebiet der bildenden Kunst seit der gemeinsam geführten Tagung am Goetheanum über den Jugendstil besonders verbunden, bereicherte unsere Arbeit mit seinem geisteswissenschaftlichen und kunstgeschichtlichen Beitrag.

Dem freundlichen Entgegenkommen der Rudolf-Steiner-Nachlaßverwaltung ist es zu verdanken, daß bis zuletzt noch fehlerhafte Überlieferungen korrigiert werden konnten und die Originale zur Verfügung standen. Auf diesen zum Teil sehr zarten Zeichnungen, die den sicheren und zugleich suchenden Sinn ihres Schöpfers bewahrt haben, ist manches ablesbar, was in der Reproduktion nicht mehr zu finden ist. Wo immer es möglich war, liegen den Nachzeichnungen und Analysen die besterhaltenen Unterlagen zugrunde. Zu einer ganzen Anzahl von Titelzeichnungen sind die Original-Vorlagen Rudolf Steiners nicht mehr erhalten. Karten und Bucheinbände der ersten Auflage standen mit den mehr oder weniger eigenwilligen «Verbesserungen» der Drucker und Auftraggeber zur Verfügung. Eine Herausgabe der noch vorhandenen Original-Zeichnungen im Faksimile-Druck ist in Aussicht genommen und wird in späterer Zeit diese Ausführungen ergänzen.

Das Fortschreiten unserer Kultur läßt das Werk Rudolf Steiners in immer neuer Aktualität erscheinen. Sein Künstlertum wird neu gesehen und erkannt werden. Diese Arbeit möge dazu ein Beitrag sein.

Walther Roggenkamp

Güldenholm, Sommer 1979

8

Geistige Quellen der Formgestaltung

Hagen Biesantz

Jahrzehnte hindurch war die von Rudolf Steiner sich herleitende Graphik als Nachzüglerin des Jugendstils verfemt. Sie wurde als anachronistisch empfunden in der Umgebung einer von archaisierenden (völkischen) oder konstruierenden (modernen) Elementen beherrschten Zeichen- und Plakatkunst. Erst in jüngster Zeit scheint das zeitgenössische Formempfinden ihr wieder näherzukommen. Der mit dem Aufbegehren der jungen Generation 1966/68 zusammenhängende Rückgriff auf Jugendstil-Elemente bezeichnet diese Wende. Will man den Vorgang nicht einfach als einen zufälligen Wechsel der Mode abtun, so muß man nach den tieferen Ursachen forschen, die das Wiedererscheinen der am Beginn der modernen Kunstentwicklung gefundenen Formenwelt begünstigten. Sie können zweifellos nicht durch an der Oberfläche haftende Formvergleiche gefunden werden. Solche würden nur zeigen, daß dort, wo man in gewohnter Denkweise direkte oder indirekte «Einflüsse» vermuten würde, eine genauere Beobachtung gerade die Verschiedenheiten in der Formgestaltung hervorheben müßte. Jugendstil, Rudolf Steiners goetheanistischer Stil und die psychedelische Richtung der Popular Art erweisen sich einer sorgfältigen Analyse als drei sehr unterschiedliche Formensprachen. Dennoch haben sie für das unmittelbare künstlerische Empfinden einen gemeinsamen Zug. Er läßt sich am besten im Vergleich mit der Formensyntax der Bauhausrichtung erfassen. Wo diese stets einen abstrakt konstruierten Eindruck macht, herrscht bei jenen ein sich bewegendes, schwingendes, oft in rhythmischen Wiederholungen sich ausdehnendes Element vor. Man hat den Eindruck wachsenden Lebens. Was in der organischen Architektur der Jugendstil-Zeit angestrebt wurde – der Schein des Lebendigen –, erscheint hier auf dem Gebiete der graphischen Kunst. Dieses Streben nach lebender Form, welche die Vorherrschaft einer rationalen Tektonik überwinden will, ist ein wesentliches Anliegen der Gegenwart. In ihm verrät sich die Sehnsucht des in seiner Vernunft gefangenen Menschen, wieder in das Innere der Natur einzudringen, an dem ihr innewohnenden Leben in neuer Art teilzunehmen. In der Kunst sucht dieses Streben nach Formen, die den Schein des Lebens erzeugen. Das Auftauchen solcher Formen, ihr Verschwinden und Wiedererscheinen in unserem Jahrhundert bezeichnet Stufen des Ringens um eine neue Kunst, die jeden Schritt zur Verwirklichung den widerstrebenden Mächten einer leblosen Rationalität abringen muß.

Das plötzliche Auftreten des zum Organisch-Lebendigen strebenden Kunstimpulses um die Wende zum 20. Jahrhundert kann nur verstanden werden im Zusammenhang mit der Bewußtseinsgeschichte des Menschen. Es bezeichnet den Beginn einer Epoche, in welcher der Mensch auf neue Art ein Bewußtsein für geistige (übersinnliche) Vorgänge entwickeln wird, das ihm in der fünftausendjährigen Geschichte der Hochkulturen schrittweise verlorengegangen ist. Mit dem Einsetzen der ägyptischen Kultur im frühen 3. Jahrtausend v. Chr. begann, wie Rudolf Steiner ausführlich dargelegt hat, ein Prozeß, der das rationale Element einführte und allmählich zur Vorherrschaft brachte. Die von dem griechischen Vernunftdenken ausgehende Naturwissenschaft und der aus ihr hervorgehende Rationalismus und Materialismus der Neuzeit sind spätere Wegstufen desselben Prozesses. In seinem Verlauf wurde der Mensch von der Erfahrung seines eigenen Lebensorganismus, der ihm die von der Sinneswelt verborgene Geist-Wirklichkeit der Welt in Bildern

spiegelte (mythologisches Bewußtsein) allmählich abgeschnitten. Am Ende des Weges fand er sich als Verstandeswesen einer für ihn undurchsichtig gewordenen Sinneswelt gegenüber. Diese Welt war für ihn «tot und stumm», so wie seine vom Verstand beherrschte Innenwelt der Naturwirklichkeit gegenüber als abstrakt und ohnmächtig empfunden wurde. Man bezeichnet den Zeitraum, in dem sich dieser Vorgang abspielte, in der orientalischen Tradition als Kali Yuga (Dunkles Zeitalter). Es fand sein Ende etwa um 1900 n. Chr., als sich dem Menschen neue Möglichkeiten eröffneten, sein Bewußtsein wieder über die Grenzen der an die leiblichen Sinne gebundenen Erfahrungen hinaus zu erweitern. Ein Ausdruck seines Strebens, wieder in den Erfahrungsbereich seiner Lebensorganisation einzudringen, sind seine Versuche, in der Kunst neue organische Formen zu schaffen. Der Jugendstil ist ein erster Versuch dieser Art.

Man würde dem «Dunklen Zeitalter» unrecht tun, wollte man es nur nach seinen negativen Folgen beurteilen. Sind doch die sogenannten Hochkulturen und ihre hochentwickelte Kunst ebenfalls eine Hervorbringung dieses Zeitraumes. Sie wären ohne die Abdunklung des Geist-Bewußtseins gar nicht entstanden. Der noch im Geist-Erleben stehende Mensch der Frühzeit verspürte keine Notwendigkeit, der ihn umgebenden Sinneswelt den «Abglanz des Geistes» in Form von Kunstwerken einzuprägen. Seine Seele hatte genug am Erleben des schaffenden Geistes selbst. Er lebte sozusagen in der Wirklichkeit der platonischen Ideenwelt. Erst als diese sich ihm verdunkelte und zur Schattenwelt der Gedanken wurde, entstand das Bedürfnis, die Harmonie der göttlichen Ideenwelt in diejenige Welt hereinzutragen, die den Menschen nun ganz gefangen hielt: die Welt der Sinne. So entstand die Kunst als Abglanz des Geistes in der Sinneswelt. Es entstanden die Kulturen des Altertums und der Neuzeit. Während nun die Kunst der Hochkulturen im allgemeinen von den der Zeit entsprechenden rational-tektonischen Formen ergriffen wurde, finden sich von alters her immer wieder Einsprengsel solcher Kulturen, die das organisch-lebendige Element als formschaffendes Prinzip verwenden. Wie ein großartiger Nachklang alter Erlebnisformen stellt sich die Kunst der Insel Kreta in die Frühzeit des Kali Yuga hinein (3. und 2. Jtsd. v. Chr.). Das schwerelose Leben ihrer Bilder, die Wachstumskraft ihrer Ornamente (unendlicher Rapport), die Bewegungsdynamik ihrer Tierformen sprechen von einem Bewußtsein, das noch in den Naturvorgängen lebt. Die gleichen Motive und Ornamente werden von den Festlandsgriechen des 2. Jahrtausends (Mykenern) nachgeahmt, ihres Lebens beraubt, tektonisiert und später in rein abstrakte (geometrische) Formen übergeführt. Während der Hochblüte und Ausbreitung der griechischen Kultur (nach 500 v. Chr.) sind es die Kelten, die in ihrer Kunst das organische Element pflegen und aus ihm besondere Ornamentformen gestalten. Ihnen folgt zur Zeit des wieder stark abstrahierenden frühen Mittelalters die irische Kunst, deren lebendige Formen den in Irland noch vorhandenen Resten des mythologischen Bewußtseins entstammen.

Man hat den Eindruck, daß durch eine gewisse, dem Geschichtsverlauf innewohnende Weisheit dafür gesorgt wurde, daß während des dunklen, zu lebloser Tektonik und äußerer Naturnachahmung neigenden Zeitalters immer wieder die Erinnerung an das alte Bewußtsein des Lebendigen wachgehalten werden sollte. Es war besonders die Linienkunst des Ornaments, in der sich dieses Bewußtsein ausdrücken konnte.

So mag es mehr als ein Zufall sein, wenn am Beginn des neuen, lichten Zeitalters die Kunst des Jugendstils besonders in der graphischen Kunst ihre Formen entwickelte. Wohl war diesmal die Kraft des «Kunstwollens» (A. Riegl) stark genug, bis in die Architektur hinein umgestaltend zu wirken. Doch waren in der Graphik die Widerstände des Traditionellen am ehesten zu überwinden. Bei Rudolf Steiner, der, wie an anderem Orte dargestellt wurde (H. Biesantz/A. Klingborg, Der Bauimpuls Rudolf Steiners, Dornach 1978), die Umgestaltung der Bildenden Kunst von der Bauplastik ausgehend vollzog, war die Graphik dagegen eher ein weniger beachtetes Feld seines künstlerischen Schaffens. Doch läßt sich auch hier beobachten, wie er den auf diesem Gebiet vorliegenden Ansätzen zu organischer Gestaltung (Art Nouveau) erst zum Durchbruch verhalf. Daher sind ebenso wie beim Baustil des Goetheanum auch in seiner Graphik wesentliche Unterschiede zum Jugendstil festzustellen. Das Gemeinsame bezieht sich immer auf das organische Kunstwollen. Dieses beschränkt sich aber auf das Anstreben eines Lebendigen im Allgemeinen, ebenso wie Albert Schweitzers «Ehrfurcht vor dem Leben», die zwar allen Hochreligionen gemeinsam ist, aber nicht zu den spezifischen Mysterien derselben vordringt. Es führt nicht in die Bereiche des Seelischen und des Geistes. Diese werden beim Jugendstil wie bei der älteren Kunst immer im Bild-Motivischen hinzugedacht. Sie sind noch nicht der künstlerischen Form immanent. Rudolf Steiners Leistung war es, solche Formen zu entwickeln, die als unmittelbarer Ausdruck eines seelischen oder geistigen Zusammenhanges erlebt werden können.

Hildegard Gerbert und Walther Roggenkamp haben in dem vorliegenden Buch diese Leistung an dem vorhandenen Material evident gemacht. Wesentlich ist vor allem der Hinweis, daß an die Stelle des bloßen freien Linienspieles bei Rudolf Steiner die vom Ich erlebte, vom Ich gestaltete freie Linienführung tritt (s. unten S. 25). Taucht das zeichnende oder betrachtende Menschen-Ich, wie H. Gerbert es beschreibt, in die Linienbewegung hinein, statt sie von außen in der Vorstellung zu erfassen, so macht zunächst die Seele die Bewegungen der Linie aktiv mit. Das Dehnen und Zusammenziehen ihrer Flächenausdehnung wird wie ein Atmungsvorgang erlebt (s. unten S. 37). Das Atmen der bewegten Linie erzeugt nicht nur den Schein des Lebens, sondern zugleich den eines beseelten Lebens, so wie das Atmen den rhythmischen Lebensprozeß des Tieres und des Menschen von den unbeseelten Lebensvorgängen der bloß organischen Natur (Pflanzenreich) unterscheidet. In diesem beseelten Leben der Linie kann sich nun auch die geistige Orientierung des jeweils erlebten Seelischen als seelischer Charakter ausprägen. Dieser führt in die Formgestaltung der Linienführung hinein. Bleibt nun das die Linienführung gestaltende Ich nicht im Erleben der eigenen Seelenhaftigkeit stehen, sondern öffnet sich der nur dem Ich zugänglichen schaffenden Ideenwelt, d. h. der Welt des objektiven Geistes, so ergibt sich die Zielrichtung der Linienführung aus dem Erleben eines geistigen Motivs. Die Endform des Entstehungsvorganges ist dann nicht ein a priori vorgestelltes Symbol, sondern der künstlerische Ausdruck einer im Geiste erlebten Motivation.

Vergleicht man die so gearteten Graphiken Rudolf Steiners mit den entsprechenden Versuchen Kandinskys (vergl. unten S. 23), so ergibt sich als Gemeinsames, daß beide Künstler das bloß organische, verfließende Leben der Jugendstil-Graphik zu überwinden suchten und das Seelisch-Geistige als formgestaltendes Prinzip in die Zeichenkunst einführen wollten. Kandinsky kam dabei nicht über das abstrakte Denken von Form-Gesetzen hinaus. Er gleicht einem Naturwissenschaftler, dem die Naturvorgänge nur in der Form der Naturgesetze erfaßbar sind. Die Folge war, daß seine Form-Prinzipien keinen Zugang zu der Lebenssphäre der zeichnerischen Gebilde fanden. Er mußte den organischen Stil ablehnen. Daher wirken seine Formen wie vom Leben abstrahiert. Rudolf Steiners Einsichten in die Form-Gesetze beruhen auf einem seelischen Eintauchen in die formenschaffenden Kräfte der Natur. Wer sich mit ihnen verbinden kann, dessen Formkraft kann in den Bereich des Lebendigen hinein gestalten. Seine Zeichenkunst bleibt organisch, auch wenn sie vom Seelischen und Geistigen durchdrungen wird. Rudolf Steiners Leistung war es, das Streben nach dem Lebendigen in der Graphik (Jugendstil) in das Gebiet der Seele und des Geistes hinaufzuführen. Er konnte dies so tun, daß diese Quellen der Formgestaltung nicht das Leben der Linie ertöteten, sondern daß umgekehrt Seele und Geist der Graphik den Schein des Lebens annahmen.

Die Ursprünge
der Zeichenkunst

Die Zeichnungen Rudolf Steiners, die wir hier betrachten werden, sind als Ergebnis nur ein Bruchteil seiner auf allen Lebensgebieten schöpferischen Tätigkeit. Doch sind in ihnen wie in Samenkörnern Ansätze einer neuen graphischen Kunst enthalten, wie sie von unserer Zeit gefordert wird. So ist nicht nur ein Ergebnis historisch zu betrachten, sondern es sind die Anregungen hervorzuheben, die Rudolf Steiners urbildhafte Gestaltungen erkennen lassen. Mögen diese von Künstlern und den Lehrern für Kunsterziehung aufgegriffen und mit den Schülern weitergestaltet werden!

Die Suche nach dem Ursprung des Zeichnens führt uns in die Anfänge der Kulturentwicklung zurück. In der Kindheit der Völker, wie auch immer wieder in der Entwicklung des einzelnen Kindes[1], drängt ein Überschuß an geistig-seelischen Bewegungsimpulsen und leibbildenden Lebenskräften danach, sich zeichnend zu betätigen und ein innerlich Empfundenes oder Vorgestelltes an irgend einem Material sichtbar werden zu lassen. «Die bildende Natur des Menschen erweist gleich sich tätig, wenn seine Existenz gesichert ist», sagt Goethe. An den Gestaltungen, die seine Hand als Neues in die Sichtbarkeit hineinstellt, erlebt sich der Mensch in seiner schöpferischen Wesenheit bestätigt, es erfüllt ihn mit Freude und Selbstsicherheit.

Steinritzungen aus dem Hügelgrab von Gavr'inis, Bretagne

[1] Michaela Strauss, Von der Zeichensprache des kleinen Kindes. 2. Auflage, Stuttgart 1978.

In den Zeichnungen der Frühzeit dürfen wir aber nicht nur ein unverbindliches kindliches Spiel sehen, eine Lebensäußerung, die sich mit vorschreitendem Alter verwandelt und durch Beobachtung der Sinneswelt anpaßt. Richard Karutz hat in seinem Buch «Die Ursprache der Kunst»[2] an vielerlei Beispielen gezeigt, wie gerade an den frühen Gestaltungen die Anleitung durch wissende Führer erkannt werden kann. Aus ihrer übersinnlichen Schau lenkten die Priester und Mysterienweisen das Zeichnen, das, wenn auch in äußerlich primitiven Gestaltungen, Weltenurbilder und Weltenkräfte sichtbar machte.

Im Gegensatz zu Architektur und Plastik, die sich im dreidimensionalen Raum verwirklichen, und zu der Malerei, die ihre Farbigkeit auf der Fläche ausbreitet, hat die Zeichnung als Ausdrucksmittel die Linie. Sie steht damit an der Grenze, welche die bildenden Künste, die sich im Raum verwirklichen, von den Künsten trennt, die sich im zeitlichen Ablauf entfalten: Musik, Dichtung, Tanz. Man hat immer die geheime Verwandtschaft der Linienkunst mit der musikalischen Bewegung empfunden, von dem Rhythmus, der Melodie, ja der Klangfarbe der Linie gesprochen.

Von den ersten Anfängen an hat sich die Zeichnung nach den zwei Möglichkeiten hin entfaltet, die im Menschen als einem wollenden und vorstellenden Wesen begründet sind. Einerseits kann die Linie empfunden und gestaltet werden als Ausdruck innerlich erlebter kosmischer Kräfteströme und menschlicher Willensimpulse; andrerseits kann sie als Kontur ein der inneren oder äußeren Anschauung Gegebenes umreißen, sie kann Bilder schaffen.

Aus alten Kulturen sind wunderbare Zeugnisse der reinen Linienkunst erhalten. Die Menschen erlebten noch, wie die Ströme der Lebensbildekräfte ihres Leibes mit den kosmischen Kräftewirkungen zusammenklangen, und sie gestalteten diese inne-

[2] Richard Karutz, Die Ursprache der Kunst. Neuauflage Stuttgart 1967.

14

«Laufender Hund» und Mäander, Ornamente aus der griechischen Kultur

Getriebenes Goldplättchen, Burg Mykene, 16. Jh. v. Chr.

Goldscheibe von Auvers sur Oise mit Koralleneinlagen, 5. Jh.

ren Erfahrungen in lebensvoll atmenden und tönenden Steinritzungen wie im Dolmen von Gavr'inis.

Viele Zeugnisse liefert die Keramik, auch die frühe Goldschmiedekunst. Sie schmückte ihre Erzeugnisse mit Bändern aus gleichlaufenden geraden oder wellenden, auch spiraligen Linien, in denen ein vom Rhythmus des Atems und der Blutzirkulation getragenes Naturhaft-Seelisches sich spiegelt. Die griechische Kunst schuf die sich einbuchtende Welle, den «laufenden Hund», und gestaltete diesen weiter zu dem geometrisch-kristallinen Mäander.

Als fortlaufende Spirale ist sie der kretisch-mykenischen wie der nördlich-germanischen Schmuckkunst gemeinsam.

Beginnen die Linien sich zu berühren oder zu überschneiden, greift in das fortgleitende Strömen ein neuer Impuls ein. Wo sich Richtungen kreuzen, faßt sich eine Kraft zusammen, so wie die Kreuzung der Sehachsen unserer Augen das Selbsterleben weckt. Es entstehen daraus Flechtbänder oder Netzgewebe, erst in lockerer und freier Art, dann stärker errechnet und geometrisiert wie in der langobardischen Kunst, oder labyrinthisch verschlungen, wie bei den irisch-englischen und festländischen Initialen. Alle Möglichkeiten der Linienführung werden entfaltet, bis zum Übergang in flächig anschwellende Tierleiber und -köpfe. Im Urnes-Stil der norwegischen Stabkirchen kommt eine fast unbändige Dynamik der Bewegung zum Ausdruck.

Steinrelief eines Flechtbandkreuzes, Orvieto

Zierkreuz aus dem Buch von Durrow, Irland

Ursprung des Zeichens

Wenn bei den fortlaufenden Linienbändern vor allem ein gefühltes rhythmisches Element zum Ausdruck kommt, offenbart sich in der Linie als Spur einer Bewegung der zugrundeliegende Willensimpuls am deutlichsten, besonders wo er sich in einem Zeichen niederschlägt. Zeichen sind ursprünglich Nachbildungen magisch gebietender Gesten. In Goethes «Faust» wird die beschwörende und bannende Kraft des Zeichens erlebbar, wenn Faust den Erdgeist zur Erscheinung bringen kann, indem er sein Zeichen in der Luft schlägt, oder wenn die Schwelle des Studierzimmers durch das Pentagramm-Zeichen vor dem Teufel geschützt ist.

Altgermanische Runen waren Zauberzeichen; wer sie ritzte, rief übersinnliche Kräfte heran, segnende, schützende, aber auch dem Gegner schadende. So heißt es in der Edda:

Siegrunen lerne,
Willst du Sieg haben!
Auf den Schwertknauf schneide sie,
Auf die Blutrinne
Und des Rückens Breite
Und ruf zweimal zu Thyr!

Runen, auf Buchenstäbchen geritzt, wurden später zu «Buchstaben»; aber auch als solche bewahrten sie noch ihre magische Kraft. So legten die Germanen zum Schutz der Toten Steine mit dem Runenalphabet, dem Futhark, in die Grabstätte.
In den Katakomben meißelten die Urchristen das

Runenlanze von Kowel/Südrußland

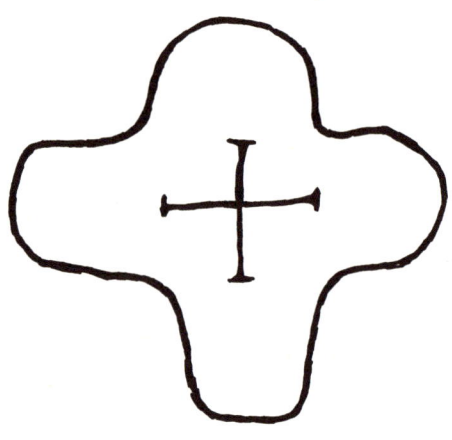

Croix de Gennat «Michel»

16

Alpha und Omega, Anfang und Ende des griechischen Alphabetes, auf die Grabplatten, als Zeichen des Weltenwortes. Von Kaiser Konstantin wird erzählt, daß er den Sieg über Maxentius errang, weil er, einem Traumgesicht folgend, seinem Heer das Monogramm Christi vorantragen ließ. Im christlichen Kultus vermittelt noch heute das mit der Hand vollzogene Zeichen die Segenswirkung der Christusverkündung. Unzählige Menschen haben sich und andere, aber auch das Brot, das sie speisen sollte, unter das Zeichen des Kreuzes gestellt.

Im Lauf der Jahrhunderte wurden zu den alten, den Geistwirklichkeiten entsprechenden Zeichen auch neue, der geheimen Verständigung dienende geschaffen. Zu den heiligen Signen der Katharer, Templer, Rosenkreuzer und Freimaurer kamen die Zeichen der Bauhütten und Steinmetzen, der Alchimisten, der Zünfte usw. Das Zeichen ist nie erstorben; es birgt in sich Zukunftskraft, vermag es doch den Menschen aus der einseitigen Bindung an die gegenständliche Wahrnehmung loszureißen.

Die Linie kann aber auch als Kontur die Vorstellung eines Bildes, eines Gegenstandes oder Wesens erzeugen. Aus dieser Möglichkeit entfaltete sich früh in den orientalischen und südeuropäischen Kulturen die Kunst der zeichnerischen Darstellung, die immer deutlicher die Welt des Sichtbaren wiederzugeben verstand, zur Freude der Menschheit, in der immer mehr die Fähigkeit zur äußeren Beobachtung erwachte. Diese Entwicklung läßt sich besonders gut an der griechischen Vasenmalerei verfolgen, wie auch an der Entwicklung der europäischen Kunst im 15. Jahrhundert. Die Welt in ihrer Fülle drängt in die Zeichnung; durch Perspektive und Verkürzung wird die dritte Dimension in die Fläche hereingeholt. In den Zeichnungen von Leonardo da Vinci kommt diese Kunst zu ihrem Höhepunkt.

Katharer Kreuz, Südfrankreich

Windrose, mittelalterliches Steinmetzzeichen

17

Ursprung des Symbols

Aus der Möglichkeit, Wesen und Gegenstände mit Linien zu umreißen, gestaltete die Weisheit der Priester schon im 3. und 2. Jahrtausend vor Christus symbolische Bilder, Sinnbilder. In der Natur schaute der Mensch noch das Wirken göttlich-geistiger Mächte, durch Tiere und Pflanzen blickte man zu einem Geistig-Wesenhaften auf, und so konnte ihr Abbild Träger eines höheren Sinngehaltes werden.

In vielen Religionen und Mythologien wurde der «Baum» zum Sinnbild der im Makrokosmos oder im Menschen zur Gestalt gewordenen Lebenskräfte. Im Wasser schaute man den Strom des immer wieder sich erneuernden Lebens, der in einer höheren Sphäre seinen Ursprung hat. Darum findet sich auch öfters das Symbol des Lebensbaumes mit dem des Lebenswassers vereinigt, so auf einem sumerischen Siegelzylinder, einem ägyptischen Relief oder auf altchristlichen Mosaiken. In der Edda heißt es von der Weltenesche Yggdrasil: «Immergrün steht sie am Urdbrunnen.»

Was meinte der ägyptische Priester, wenn er die Göttin Hathor als Kuh und Horus, den Sohn des Osiris und der Isis, als Falken darstellen ließ? Durch das irdische Bild der Kuh schaute er auf die weltenmütterlichen Kräfte, aus denen das irdische Leben geboren wird und sich jede Nacht erneuert. Darum trinkt der Pharao des Nachts an dem Euter der Hathorkuh. Wegen der königlich aufrechten Haltung und des scharfen Blickes wurde der Falke zum Symbol des Horus, der, die Flügel um das Haupt des Pharao Chefren legend, ihn zur Len-

Ritzzeichnung in der Domitilla-Katakombe, Rom 4. Jh.

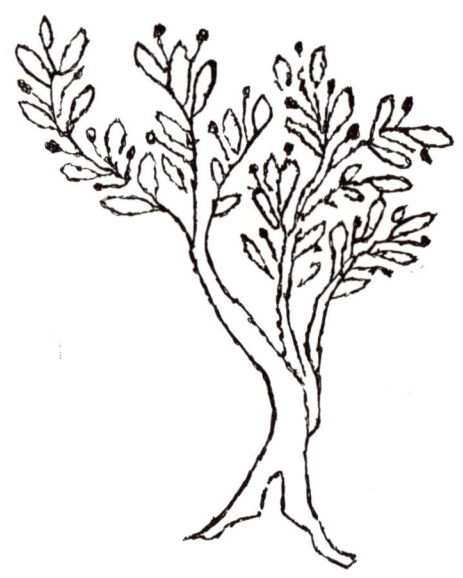

Ritzzeichnung aus der Priscilla-Katakombe, Rom 4. Jh.

18

kung seines Volkes inspiriert. Solche Symbole sind fester Besitz einer Religionsgemeinschaft; sie verändern sich nicht mehr, ihr Sinn muß erlernt werden.

Die frühchristliche Kunst verwandte Lamm und Fisch als Symbole Christi; im Lamm erblickte man das unschuldige Opfer, im Fisch das Leben im reinen Ätherelement. Hinter Lamm und Fisch stehen die zwei Menschheitsepochen überleuchtenden Sternbilder des Widders und der Fische. Durch das Bild der Palme deutete man auf die Sonnenkraft des christlichen Glaubens, durch die Traube auf dessen Frucht.

Im Mittelalter schuf die von Christian Rosenkreuz ausgehende esoterische Strömung das Rosenkreuz, das Zeichen und Symbol vereinigt. Das heilige Kreuzeszeichen wird an dem Schnittpunkt der beiden Richtungen durch den Kreis der sieben leuchtend roten Rosen ergänzt. Die Dornenkrone, die sich in früheren Darstellungen um das Kreuz schlang, ist zu den sieben Rosen aufgeblüht. Das Zeichen-Sinnbild des Rosenkreuzes weist in die Zukunft; in seiner Betrachtung kann die Auferstehungskraft Christi erfahren werden.

In Symbolen und Zeichen offenbart sich nicht nur die Polarität im menschlichen Seelenwesen, das im Haupte wahrnimmt und denkt, in den Gliedern will und sich bewegt und wirkt. Sie haben auch einen verschiedenen Ursprung. Das Symbol weist zurück auf die Welt der gestaltenden Kräfte, aus denen die Formen der Erdenwesen entstehen; auf die Welt der Vorgeburt, aus der heraus sich der Mensch auf der Erde inkarniert. Wie Rudolf Steiner im 12. Vortrag der Reihe «Kunstgeschichte als Abbild innerer geistiger Impulse» zeigt, kommt das willensgetragene Zeichen aus der Welt, in der der Verstorbene hineingeht durch die Pforte des Todes. Durch Zeichen verband man sich mit den im Übersinnlichen wesenden Verstorbenen. Man könnte auch sagen: das Symbol hat einen imaginativen, das Zeichen einen inspirativen Charakter. Darum verwandelt sich letzteres auch leicht in Schriftzeichen.

Fränkischer Grabstein aus Niederdollendorf, 7. Jh.

Symbol und Zeichen
im 19. und 20. Jahrhundert

Die Tradition hat alte Symbole und Zeichen bis in unsere Gegenwart hereingetragen. Als aber Rationalismus und moderne Wissenschaften die Natur des Glanzes ihres göttlich-geistigen Ursprungs beraubt und die Welt hell, aber prosaisch gemacht hatten, entstand bei Dichtern und bildenden Künstlern die Sehnsucht, das Bild der Welt aus der inneren Seelenfülle heraus neu zu beleben. Novalis wollte es «romantisieren», «qualitativ potenzieren» und schuf aus der Wirklichkeit des Geistes ein wahres Sinnbild wie das der «blauen Blume». Doch mangelte der symbolistischen Strömung, die im 19. Jahrhundert gleichsam oberhalb des Positivismus und Materialismus einherging, die Beziehung zur Wirklichkeit. Über der Verhärtung und Mechanisierung des Naturbildes, aus dem die Phantasie keine Kraft mehr zu saugen vermochte, entstand ein aus Seelensehnsucht sich gebärendes Scheinreich. Die symbolistische Tendenz geht seit den Präraffaeliten durch die englische Malerei; sie kommt zum Ausdruck im Werk des Holländers Jan Torop, des Belgiers Khnopff und des Deutschen Max Klinger und verbindet sich am Ende des Jahrhunderts mit den neuen Stilmitteln des Jugendstiles.

Der Jugendstil selbst bringt die reine Linienbewegung wieder zur Geltung. Man spürte ihrem Gefühlswert nach. Van de Velde sagte: «Ich hatte die Eindringlichkeit der starken Gefühlstöne empfunden, welche man mit Hilfe von Ornamenten hervorrufen kann, deren Strukturen auf beabsichtigten und ausdrucksvollen Äußerungen von Freude, Schlaffheit, Heiterkeit, Schutz, Wiegen, Schlummer beruhen.» Die gefühlsbetonte, dekorative Linie ergriff nicht nur die Gestaltung von Hausfassaden und Innenräumen, von Möbeln, Schmuck und Vasen, sondern drang auch, und zwar zuallererst, in die Buchkunst ein. Teilweise auf ältere Vorbilder zurückgreifend, schuf sie neue Schrifttypen, Titelzeichnungen und Vignetten von ansprechender Bewegtheit. Von weniger authentischen Künstlern nachgeahmt, entarteten diese Liniengebilde aber, wie böser Spott sagte, zu «Seelennudeln», welche dann in der weiteren Entwicklung der neuen Sachlichkeit geopfert wurden.

Rudolf Steiner ist in den Vorträgen von 1914 «Wege zu einem neuen Baustil» mehrfach auf Grundgesetze der Linienkunst eingegangen. So zeigte er in dem Vortrag vom 28. Juni 1914, wie die Form des Kreises erfühlt werden kann als Ausdruck der in sich beschlossenen Ichheit. Entsteht eine Wechselbeziehung der Kreisform zur Umgebung, so kann die in Wellen sich ausbuchtende Kreislinie den Eindruck erwecken, daß das Innere stärker ist als das Äußere, während die Zackenlinie das Gefühl hervorruft: Das Äußere hat gesiegt.

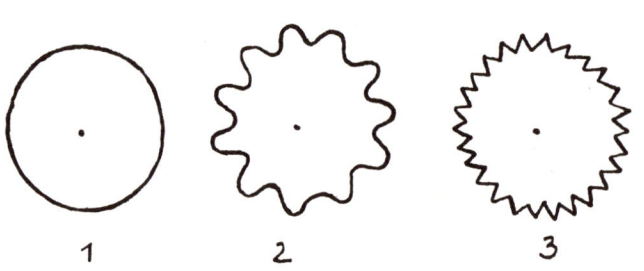

«So wie ich die Kreislinie hier gezeichnet habe, ist sie zunächst ganz ungegliedert (1). Sie kann aber in zweifacher Weise gegliedert sein, so, daß sie aussendet solche Vorsprünge (2). Das wäre eine Gliederung. Eine andere charakteristische Gliederung wäre diese (3). Beide Formen sind eigentlich nur gegliederte Kreise. – Was bedeuten diese Gliederungen? Diese Gliederung (2) bedeutet, daß das Selbst, das Ich, in Beziehung getreten ist zur Außenwelt. Wenn wir dem bloßen Kreis gegenüberstehen, dann können wir das Gefühl haben, daß die ganze übrige Welt nicht da sei, daß nur das sich im Kreise Abschließende da sei. Wenn wir den gegliederten Kreis betrachten, dann können wir nicht mehr das Gefühl haben, daß das, was durch den Kreis ausgedrückt ist, allein in der Welt ist. Die Gliederung der Kreislinie drückt aus einen Kampf, gewissermaßen eine Wechselbeziehung mit der Außenwelt. Und es ist charakteristisch, daß derjenige, der nun sich lebendig hineinfühlt in die Form bei dem gegliederten Kreis (2), fühlt: das Innere ist stärker als das Äußere. Und beim zackig ausgebildeten Kreis (3): das Äußere hat sich eingebohrt und ist stärker als das, was im Kreis liegt.»

Einen sehr wichtigen Gesichtspunkt für das Gestalten durch die Linie entwickelte Rudolf Steiner in weiteren Vorträgen vom 20. Mai 1920 und vom 29. Juni 1921. An Hand einer Wandtafelzeichnung wies er auf das Wirken der Bildekräfte bei der Entstehung organischer Formen hin.

«Wenn man sich recht in die Entwicklungsimpulse hineinversetzt mit der künstlerischen Empfindung, so sieht man, ..., daß man allerdings zuerst von dem Einfachen immer mehr zu dem Komplizierten vorrücken muß; dann aber kommt man in der Mitte der Entwicklung an das Komplizierteste, und dann wird es, indem es dem Vollkommenen zugeht, wiederum einfacher!»

Mit diesem Einfacherwerden der äußeren Gestaltung geht aber eine weitere Differenzierung der ätherischen Bildekräfte parallel. In der Zeichnung werden die Stadien I bis IV immer bewegter und formenreicher, in V und VI die Linienführung jedoch wieder einfacher. Sie ist umspielt von vielfältigem Leben der sich von ihr abhebenden, durch Punkte angedeuteten ätherischen Kräfte-

Rudolf Steiner, Tafelzeichnung Dornach 5. April 1920.

strömungen, deren Wirkung das künstlerisch empfindsame Auge an der vereinfachten Linie ablesen kann. Dazu sagte Rudolf Steiner: «Und doch schreitet weiter, nur im Ätherischen, die Entwicklung so fort, daß die komplizierteren Formen, die ich mit Punkten angedeutet habe, herauskommen, während das Physische, das äußerlich Sichtbare, das sich wieder Offenbarende, vielleicht sich wieder vereinfacht.»

Man kann sich dieses Entwicklungsgesetz verdeutlichen an der Metamorphose der Pflanzen, bei der sich die höchst differenzierten Blattbildungen auf dem Weg zur Blütenbildung wieder vereinfachen, die freiwerdenden ätherischen Bildekräfte aber von neuem in den vielfältigen Formen der Blüten offenbar werden.

Die Zeichnung Rudolf Steiners illustriert zunächst ein Entwicklungsgesetz organischer Formen. Sie ist aber zugleich ein Ansatzpunkt für eine nicht intellektuell fixierte, sondern im Einklang mit den Lebensgesetzen schaffende künstlerische Gestaltung.

Paul Klee (1879 – 1940) und Wassily Kandinsky (1866 – 1944), die in den zwanziger Jahren im «Bauhaus» in Weimar, später in Dessau unterrichteten, suchten ihren Schülern die Eigengesetzlichkeit der Linie bewußt zu machen und von den Grundelementen aus eine neue graphische Kunst zu entwickeln. Die Kurse von Paul Klee «Das bildnerische Denken» enthalten wichtige Gesichtspunkte[1]. Klee möchte «die Bewegung ordnen» und sagt: «Das bildnerische Werk entstand aus der Bewegung, ist selber festgelegte Bewegung und wird aufgenommen in der Bewegung.» Er untersucht die Grundgesetze, z. B. die Spannung zwischen dem Innen und Außen eines Kreises und nennt die Spannung von innen addierend, die von außen subtrahierend. Er spricht nicht wie Rudolf Steiner von dem Icherlebnis am Kreis, er wählt eine mathematisch unpersönliche Formulierung.

Paul Klee kam von der darstellenden Zeichnung über die Karikatur zu ausdrucksvollen Liniengestaltungen figurativer Art und zu zartesten, verträumten Liniengeweben. Vielfach brach ihm die kontinuierliche Linienführung zu hieroglyphenartigen Zeichen auseinander. Er ertastet in ganz persönlicher Art durch die Linie die Kräfte eines im Dämmer webenden elementarischen Zwischenreiches.

Interessant ist, daß Paul Klee ein vorzüglicher Geigenspieler war. Die Linie als Spur der Bewegung entstammt dem Reich des Tönenden, das sich der Inspiration erschließt.

In seinem Buch «Punkt und Linie zu Fläche» hat Wassily Kandinsky 1926 eine wahre Kompositionslehre der Linienkunst ausgearbeitet. Vom Juristen zum Maler geworden, löst er die Darstellung mehr und mehr von der gegenständlichen Form ab und sucht in der Bewegung der Linie, in die er die farbige Fläche mit hineinreißt, neue Ausdrucksmöglichkeiten. Wie Sixten Ringbom[2] darstellt, war Kandinsky in den Münchner Jahren der Theosophie zugewandt und hat sich an den

Zentripetal: Drang nach Innen

Urbewegung des Herrschers

Bewegungen aus dem eigenen Wesen heraus können belebt werden durch Andeutung von Gegenbewegung. Synthese von Bewegung und Gegenbewegung

Allseitig gewollt, Anspannung

Die Spannung vollzogen, getan

Das Zentrum als Kulminationspunkt.

Paul Klee, Spannungsvorgänge zu den Grundformen (aus «Das bildnerische Denken»)

[1] Paul Klee, Das bildnerische Denken. Schriften zur Form- und Gestaltungslehre, bearbeitet von Jörg Spiller, Basel – Stuttgart 1956.

[2] Sixten Ringbom, The sounding cosmos. A study in the spiritualism of Kandinsky and the genesis of abstract painting. Abo 1970.

Bildern des Buches von A. Besant und C. D. Leadbeater «Thought forms» orientiert. Diese Bilder stellen Seelenregungen wie Eifersucht, Zorn, helfende Gedanken als Liniengebilde unmittelbar so dar, wie sie dem Schauenden in der Seelenwelt erscheinen, nicht ins Künstlerische umgestaltet. Vorübergehend beschäftigte sich Kandinsky auch mit der Geisteswissenschaft Rudolf Steiners.

Von der seelisch erfüllten Linie wandte sich Kandinskys Denken und Schaffen der zwar intuitiv erfaßten, aber rational geführten Linie zu. Er suchte die Grundgesetze der Strukturierung der Fläche durch die Linie; er hoffte, ein Elementarwörterbuch und eine Grammatik der Liniensprache zu schaffen, die zu einer Kompositionslehre führen könnten. Jedoch unterschied er darin nicht deutlich die Eigengesetzlichkeit der Linien von der Eigengesetzlichkeit der auf der Fläche sich breitenden Farbe, wie schon der Untertitel zu seiner Arbeit «Punkt und Linie zu Fläche» zeigt, nämlich «Beitrag zur Analyse der malerischen Elemente». So gesellen sich zu scharfsinnigen Analysen über Linienrichtungen Assoziationen aus dem Gebiet des Farbigen, wird die Vertikale als weiß und männlich, die Horizontale als schwarz und weiblich, der spitze Winkel als gelb-orange, der rechte Winkel als rot, der stumpfe Winkel als blau-violett bezeichnet. Kandinsky träumt sich nicht, wie Klee, in die Linie hinein, sondern betrachtet sie von außen wie ein naturwissenschaftlicher Beobachter. Er sieht die Linie nicht als Ausdruck einer ihr innewohnenden Strebensrichtung, sondern als Ergebnis von außen, in Zug und Druck wirkender Kräfte.

Er weiß, daß die Gerade und die Gebogene das ursprünglich gegensätzliche Linienpaar bilden und fügt sie zu den verschiedensten interessanten Kombinationen zusammen. Aber er geht über das unmittelbar Künstlerische hinaus, geht in Symbolik über, wenn er, zwischen Gerade und Bogen den spitzen Winkel einfügend, konstatiert, daß diese Geburt, Jugend, Reife ausdrücken. Er entwickelt einen «mystischen Rationalismus», indem er sagt: «So ist die Komposition nichts weiter als eine exakt-gesetzmäßige Orientierung der in Form von Spannungen in den Elementen eingeschlossenen lebendigen Kräfte. Letzten Endes findet jede Kraft ihren Ausdruck in der Zahl ... erst nach der

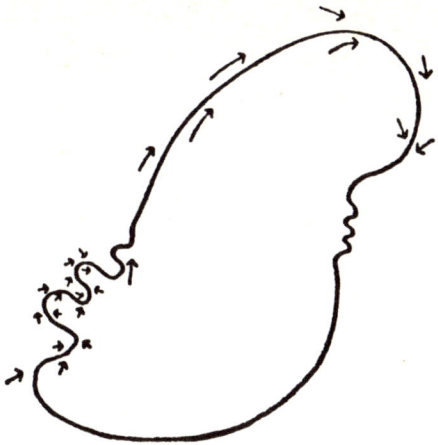

Kandinsky, Variationsmöglichkeit der Gebogenen

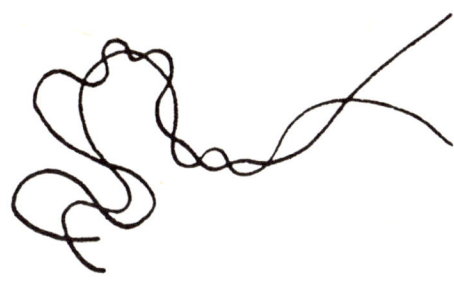

Kandinsky, Mitlaufen Gebogener

Kandinsky, Gegensätzliche Zusammenstellung einer Gebogenen mit einer Eckigen (aus «Punkt und Linie zu Fläche»)

Eroberung des Zahlenausdruckes wird eine exakte Kompositionslehre ganz verwirklicht werden.» Andererseits scheint es zuweilen, als ob Kandinsky glaubte, daß diese formalen Elemente geistige Wesen mit einer Art dunklem Willen und elementarem Bewußtsein seien, die das instinktive Entstehen des Bildes außerhalb der hellen Sphären des Geistes mitbestimmen. «Dieses Pünktchen», schrieb er, «ist ein Lebewesen, das den Geist des Menschen in vieler Weise beeinflußt. Es ist zufrieden, wenn der Künstler es richtig auf die Leinwand setzt . . Hörst du, so sagt es, meine kleine unentbehrliche Stimme im großen Chor des Werkes?[3]»

Die Zeichnungen Kandinskys führen in eine Welt intellektueller Freiheit, aber sie zeugen nicht von der Geistwirklichkeit im wollenden Menschen. In dieser aber liegt der Ursprung der graphischen Kunst Rudolf Steiners.

Kandinsky, Auseinanderlaufen (aus «Punkt und Linie zu Fläche»)

[3]   Pierre Volboudt, Die Zeichnungen Wassily Kandinskys. Köln 1974.

Die graphische Kunst Rudolf Steiners

Im zweiten Kapitel seines «Lebensganges» erzählt Rudolf Steiner, daß er als Knabe so eifrig und gut zeichnete, daß dies seine Aufnahme in die höhere Schule in Wiener-Neustadt ermöglichte. Als Künstler betätigte er sich aber erst, nachdem er mit gesteigerten Erkenntniskräften als Denkender den Zugang zu dem Quellgebiet der schaffenden Geistkräfte errungen hatte. Er erkannte dort die Urbilder der überlieferten Zeichen und Symbole; er las «die okkulte Schrift». Er fand dort aber auch, wie er in «Die Stufen der höheren Erkenntnis» schilderte, in unmittelbarer geistiger Erfahrung den Impuls für die vom Ich erlebte freie Linienbewegung. Bei dem Übergang von der Imagination zur Inspiration dunkeln die Farbenerlebnisse ab. «Dabei erlebt man in sich selbst eine Steigerung der inneren Willensenergie. Man erlebt eine völlige Freiheit in bezug auf Ort und Zeit; man fühlt sich in Bewegung. Es sind gewisse Linienformen, Gestalten, die man erlebt. Doch nicht etwa so erlebt man sie, daß man sie vor sich in irgendeinem Raume gezeichnet sähe, sondern so, als ob man in fortwährender Bewegung mit seinem Ich jedem Linienschwung, jeder Gestaltung folgte . . . Man lernt erkennen, daß man mit seinem bewegten Ich hineingeflochten ist in die schaffenden Weltenkräfte.»

Die Zukunft der Linienkunst konnte nicht aus dem träumenden Empfinden Klees und nicht aus der intellektuellen Einsicht Kandinskys entstehen; sie hat ihren Ursprung in der Ergreifung der im Ich-Willen wirkenden schöpferischen Geistkräfte.

Darin liegt auch ihre Verwandtschaft mit der freien Bewegung Geistiges erfassender Denkvorgänge; so hat Rudolf Steiner immer wieder geistige Tatsachen und Zusammenhänge durch Zeichnungen auf der Wandtafel verdeutlicht. Der Künstler aber illustriert nicht Gedachtes; die geistige Willensbewegung wird durch die in seiner menschlichen Organisation unbewußt wirkenden schöpferischen Kräfte zur Form gestaltet.

Als Rudolf Steiner 1907 die Ausschmückung des Saales für den Kongreß der Theosophischen Gesellschaft in München vorbereitete, legte er den allergrößten Wert darauf, «die abstrakte, unkünstlerische Symbolik zu vermeiden und die künstlerische Empfindung sprechen zu lassen»[1]. Die Bilder «okkulter Siegel», die den Saal schmückten, knüpften zwar noch an traditionelle Darstellungen der Imaginationen der Apokalypse an, doch war schon das «Gralsiegel» eine der europäisch-christlichen Geistigkeit entsprungene Neuschöpfung. Frei von jeder Symbolik waren die durch ihre rein künstlerische Form sprechenden «Planetensiegel», welche die Säulenkapitele in Vignettenform umsetzten und im Programmheft des Kongresses veröffentlicht wurden[2].

In diesen «Planetensiegeln» wird die Liniengestaltung zum reinen Ausdruck des Zusammenwirkens der vom Zentrum ausstrahlenden und der vom Umkreis heranflutenden Kräfte, eines Zusammenwirkens, das sich in sechsfacher, innerlich gesetzmäßiger Metamorphose vollzieht. Da Friedrich Kempter den Planetensiegeln eine ausführliche Darstellung gewidmet hat, beziehen wir diese Zeichnungen hier nicht ein, sondern verweisen auf seine Arbeit[3] wie auch auf die eingehenden

[1] Rudolf Steiner, Mein Lebensgang, Kap. 38, Dornach 1962, GA 28.
[2] Rudolf Steiner, Bilder okkulter Siegel und Säulen, Dornach 1977. GA 284/285.
[3] Friedrich Kempter, Rudolf Steiners sieben Zeichen der planetarischen Entwicklung. 3. Aufl. Dornach 1977.

Erläuterungen zu den Planetensiegeln von Carl Kemper in seinem Buch «Der Bau»[4]. Aus dem selben Schaffensquell, dem die Planetensiegel entstammen, entstanden in den Jahren 1910 bis 1913 die Titelzeichnungen, die Rudolf Steiner für seine vier Mysteriendramen schuf. Wir werden auf diese noch genauer eingehen.

Der Bau des ersten Goetheanums in Dornach/ Schweiz, für den 1913 der Grundstein gelegt wurde, bedeutete für Rudolf Steiner eine Epoche intensivsten künstlerischen Schaffens. Als Architekt, Plastiker, Maler und Zeichner entwarf er nicht nur alle Formen des Baues bis ins Detail, sondern schnitzte auch selbst, malte die wichtigsten Motive der Kuppelmalerei und zeichnete die Vorlagen für die Gravierung der Glasfenster.
Gleichzeitig hielt Rudolf Steiner in den Kriegsjahren 1914–1918 für die Mitarbeiter am Bau grundlegende Vorträge über Fragen der künstlerischen Formgebung, in denen er u. a. wichtige Gesichtspunkte für das Verständnis der Linienkunst am Beispiel über die Entstehung des Palmetten- und Akanthusmotives[5] herausarbeitete.
Das künstlerische Empfinden, das Einswerden mit der Form, das Miterleben mit der Form aus innerer Aktivität sollte wachgerufen werden. 1917, als Rudolf Steiner sich durch die Dreigliederungsbewegung im stärksten Maße an die Öffentlichkeit wandte, um in das Chaos Mitteleuropas zukunfttragende Einsichten hineinzusprechen, strömte auch das in der künstlerischen Arbeit am Goetheanum-Bau Entwickelte in diese sozialen Impulse hinein.

Bei der Begründung der Freien Waldorfschule Stuttgart, 1919, fügte Rudolf Steiner dem Unterricht ein neues Element ein, das Formenzeichnen. Zwar hatte man die Kinder immer zeichnen lassen, meist, indem man sie ihre Vorstellungen von der Welt darstellen ließ oder sie an die Nachbildung eines von außen Gegebenen heranführte; die mit dem Stift umrissene Form ließ man kolorieren. Rudolf Steiners bedeutende Entscheidung war, daß er von vornherein das Element der Linie von dem der Farbe trennte, um beide in der ihnen eigenen Qualität sich entwickeln zu lassen, die Farbe in ihrer flächenhaften Ausdehnung im Malen mit Wasserfarben, ohne zeichnerische Kontur, und die Linie im Zeichnen reiner Liniengestaltungen und deren Spiegelungen und Metamorphosen. In der ersten Schulstunde sollten die Kinder die Qualität der geraden und der gebogenen Linie nachahmend erfühlen und zeichnen lernen. Mit ihrem Tun nehmen sie vorweg, was Klee und Kandinsky später als Grundübungen entwickelten. Vielfache Anregungen gab Rudolf Steiner den Lehrern für das Zeichnen solcher Linienbildungen. H. R. Niederhäuser[6] hat nicht nur das Grundsätzliche dieses Zeichnens entwickelt, sondern auch überzeugende Beispiele aus der Unterrichtspraxis gegeben.

Rudolf Steiner, Pädagogische Übungen für die Waldorfschule

[4] Carl Kemper, Der Bau, 2. Auflage Stuttgart 1974.
[5] Friedrich Kempter, Akanthus, Leipzig/Straßburg 1934.

[6] H. R. Niederhäuser, Formenzeichnen. Ein pädagogisch-künstlerischer Impuls Rudolf Steiners. Basel 1974.

Wenn die Schulanfänger mit Hingabe die gerade und die krumme Linie zeichnen, erleben sie tätig unbewußt, was Johannes Kepler in den «Harmonices Mundi» 1619 von den Formgesetzen des Weltenbaues gesagt hat:

«. . . Daß Gott in seinem unerschütterlichen Ratschluß das Gerade und das Krumme zu Anbeginn ausgewählt hat, um mit ihm die Göttlichkeit des Schöpfers in die Welt hineinzuzeichnen . . . So hat der Allerweiseste also die Größenwelt ersonnen, deren ganzes Wesen in den beiden Unterschieden des Geradlinigen und Krummlinigen beschlossen ist».

Der Gründung der Freien Waldorfschule folgte die von Wirtschaftsorganisationen, Zeitschriften und Verlagen. Der künstlerische Impuls sollte deren Tätigkeiten durchdringen; so schuf Rudolf Steiner vielgestaltige Titelzeichnungen für Zeitschriften und Bücher, Zeichen für Darlehensscheine und für die Verpackungen von Medikamenten.
In diesen Zeichen äußert sich ein in die Zukunft weisender sozialer Impuls. Der Verwendungszweck verlangt, daß der Künstler seine Formphantasie in die äußeren Gegebenheiten einfügt. Ist doch bei einem Bucheinband zu berücksichtigen – wie Rudolf Steiner sagte –, daß man sieht, wo das Buch aufzumachen ist, was oben und unten ist, auch daß da, wo die Hand es berührt, eine Helligkeit bleibt. «Es ist dann so, als ob der Mensch Licht ausstrahle[7].» Das Titelblatt zu einem Buch, die Kopfzeichnung für eine Zeitschrift, eine Vignette unter einem Aufsatz verlangen außerdem, daß sie dem geistigen Inhalt entsprechen. Den Bucheinbänden des Jugendstiles fehlt bei allem ästhetischen Reiz oft diese Ausrichtung auf das sachlich Richtige. Rudolf Steiners graphische Kunst erreichte aber gerade dadurch, daß sie sich in den Dienst sozialer Wirksamkeit stellte, mit den sparsamsten Mitteln die größte Aussagekraft.

Es darf hier nicht versäumt werden, auf Zeichnungen hinzuweisen, die Rudolf Steiner für die Kleinodienkunst machte. Bertha Meyer-Jacobs schildert die Entstehung einer solchen Zeichnung. «Die großen inhaltvollen Formen für die größeren wie für die kleinsten Kleinode wurden von Rudolf Steiner mit einer Leichtigkeit hingezeichnet, daß sie trotz der Bestimmtheit der Linien die Gestaltungsfreiheit bei der Übertragung in das Material, für das sie bestimmt waren, niemals beschränkten. Im Gegenteil, die künstlerische Phantasie fühlte sich wie befeuert. Sie konnte mitschwingen im Rhythmus dieser Formen, die da auf dem Papier entstanden, glitt entlang an kräftig abgrenzenden Kanten und barg sich in der weichen Rundung umfassender Wölbungen, stieg hinein in die Tiefen und breitete sich in der Ruhe der Flächen. Sie lebte mit das Leben der Linien: ihren Schwung, ihr Zusammenziehen, ihr Lösen, ihr Werden, Vergehen, Auferstehen. Sie sah nicht auf ein Blatt Papier, sondern in eine ganze Welt durchseelter Formen, nicht von gestern und nicht von heute, Ewigkeitssein sprach daraus[8].»

Rudolf Steiners Zeichnungen sind nirgends unverbindlich; sie sind Ausdruck schöpferischer geistiger Kräfte, die im Betrachter innere Aktivität erwecken. Eine Beschäftigung mit den Zeichnungen regt Kräfte an, welche die Vorstellungen und das Denken beleben und den Willen zu schöpferischer Tätigkeit aufrufen.

[7] Hedwig Hauck, Handarbeit und Kunstgewerbe. 4. Auflage Stuttgart 1977.

[8] B. Meyer-Jacobs, Kleinodienkunst nach Hinweisen und Entwürfen von Rudolf Steiner, Dornach 1929.

Entwürfe Rudolf Steiners
aus den Jahren 1910–1913

Eintritts- und Mitgliedskarten

Für die ersten Einladungskarten zu den Aufführungen der Mysteriendramen in München verwendete Rudolf Steiner noch das Symbol des Rosenkreuzes, in hellblauem Oval auf leuchtend rotem Grund.

Die Siegelzeichen der vier Mysteriendramen

In den Jahren 1910 bis 1913 schuf Rudolf Steiner die Folge der vier Mysteriendramen, deren festliche Aufführungen jeweils in München stattfanden. Gleichzeitig dazu erschienen diese Dichtungen in Buchform mit den charakteristischen Zeichen auf der Titelseite. In den Liniengestaltungen der Titelzeichen erinnert nichts an die äußere Raumeswelt; sie weben in einem schwerelosen ätherischen Bereich, in dem es kein oben und unten gibt, sondern nur das Zusammenklingen von Mitte und Umkreis. In bedeutsamer Weise wirken in ihnen Zahlengeheimnisse; ihre Gestaltung geht den Weg von der Sieben zur Fünf zur Vier zur Eins und Zwölf.

Mitgliedskarte des Johannesbau-Vereins, München 1911

Den Mitgliedern des Johannesbau-Vereines, der in München ein Gebäude für die Mysterien-Aufführungen plante, ließ Rudolf Steiner nach seinem Entwurf Karten anfertigen; ein goldenes T, das TAO-Zeichen, steht vor violettem Grund. Dem TAO, Winkelmaß des Baumeisters, ist die Projektion eines durchsichtigen Pentagondodekaeders so hinzugefügt, daß ein inneres und ein äußeres Zehneck erscheint. Die Anfangsbuchstaben des Rosenkreuzerspruches Ex Deo Nascimur, In Christo Morimur, Per Spiritum Sanctum Reviviscimus, sind so dazugefügt, daß das M, das Zeichen des Todes, auf dem rechten Balken des TAO und das P, der Neuanfang des durch den Geist erzeugten Lebens, auf dem linken Balken sich die Waage halten. Durch diese Anordnung der Initialen fügt sich die Dreiheit des Spruches zu einer Kreisbewegung.

Der offenen Mitte entquellen sieben blatt-artige Bildungen; die Verstärkung der Li-nien nach außen läßt ihre intensive Bewe-gung erfühlen. Zu sieben komplementären Formen sich verdichtend, streben ihnen die Kräfte des Umkreises entgegen. Sie schwä-chen sich nach innen zu ab, wie um das dem Inneren entquellende Leben nicht zu bedrängen. In dieses unerschöpfliche Kräf-tespiel zwischen dem Innen und dem Außen sind die Initialen des Rosenkreuzer-spruches so eingefügt, daß er gleichsam von außen herangetragen erscheint und seine letzten Worte, durch das SSR vertre-ten, den Quellgrund der Mitte bilden. Von dem Menscheninnern, in dem der Heilige Geist wirksam wird, geht das neue Myste-rium aus.

In der Zahl Sieben wurde immer das plane-tarische Ordnungsprinzip gesehen, das sich im Seelenwesen des Menschen spiegelt. Daß die sieben Bildungen nicht um eine vertikale Symmetrieachse angeordnet sind, bewahrt dem Zeichen seine Schwerelosig-keit. Es ist nicht den irdischen Raumesrich-tungen eingeordnet; es hält sich in sich selbst, wie die Erde aus ihrem inneren Be-zug zu den Himmelskräften sich im Weltall hält.

Die Siegelzeichen zu den Mysteriendra-men sollten nicht allegorisch ausgedeutet werden. Sie wirken durch ihre künstleri-sche Aussagekraft. Doch kann ein innerer Bezug zwischen dem Geschehen in den Dramen und der Gestaltung der Zeichen erfühlt werden.

Das erste Drama «Die Pforte der Einwei-hung. Ein Rosenkreuzermysterium» zeich-net in breiter Exposition Lebenssituation und Seelenschicksal einer Reihe von Per-sönlichkeiten. Sie haben sich um den Gei-stesführer Benedictus zusammengefunden, der ihnen die Wege zum Erleben des ele-mentarischen Bereichs und der Geistgebie-te weist. Diese führen durch Prüfungen und Rückschläge, bis in der letzten Szene, im Sonnentempel, sich alle in einer kosmi-schen Ordnung vereinen, die jedem gemäß seinen Fähigkeiten eine bestimmte Aufgabe im Ganzen zuweist. Geistige Führung strahlt auf die Erdenwege der Menschen.

Siegelzeichen für «Die Prüfung der Seele»

Das Zeichen ist durch die Zahl fünf, die Zahl des Menschen, bestimmt. Um die immer noch offene Mitte schließt sich der Fünfstern mit der entschiedenen Strahlkraft seiner Geraden. Die ihn umhüllenden Liniengestaltungen zeigen, daß die bei dem ersten Zeichen aus der Mitte quellenden Kräfte nach außen durchgedrungen sind, und die äußeren, sich verdichtend, nach innen sich gesenkt haben. Sie fügen sich den Außenwinkeln des Pentagramms wie den sie umgebenden Formen in Gegenbewegung an. Beide Linien schwingen in Spiralen aus, die sich paarweise berühren. Die Kräfte des Umkreises und der Mitte sind in eine reichere Wechselbeziehung, die einzelnen Formen in einen stärkeren Zusammenhalt untereinander getreten. Die Kräfte haben sich verdichtet.

In diesem Drama schreiten die Persönlichkeiten durch die schwerwiegende Erfahrung ihrer vorausgehenden mittelalterlichen Verkörperung. In ihr erkennen sie die Ursache gegenwärtiger Leiden und die ihnen für die Gegenwart erwachsenen Verpflichtungen. Wie ein Stern leuchtet in ihrem Innern die Anschauung ihres ewigen Selbstes auf.

Siegelzeichen für «Der Hüter der Schwelle»

Dieses Zeichen führt von der Fünf zur Vier, der Zahl, die das Irdische kennzeichnet. Aus der rechtwinkligen Kreuzung von zwei Linien entsteht ein Zentrum, das zum Mittelpunkt einer drehenden Bewegung wird. In dem Zeichen zu diesem Drama erscheint neu verwandelt das uralt-heilige Zeichen der Swastika, das sich schon auf einer in der Nekropole von Susa gefundenen Schale vom Ende des 4. Jahrtausends findet (Louvre). Es wurde von Indien bis China und bis zu den nordischen Ländern verehrt und kann sowohl als Symbol des ewig kreisenden Sonnenrades wie der im menschlichen Seelenorganismus als Wahrnehmungsorgan sich entfaltenden vierblättrigen Lotosblume gedeutet werden.

In der feinfühligen Gestaltung durch Rudolf Steiner überträgt sich die Dynamik der inneren Bewegung durch die Zwischenformen auf die umschließende Außenlinie, die ihr in überschlagender Wellung folgt. Von außen füllen leichte Begleitformen die Buchtungen der Wellen. Gegenüber dem Zeichen für das zweite Drama ist bei diesem alles freie, von innen impulsierte Dynamik.

Der «Hüter der Schwelle» zeigt den Abgrund im Seeleninnern, aus dem die Versuchermächte mit verstärkter Kraft heraufdrängen, wenn der Mensch in die wirkliche Erfahrung der geistigen Welt eintritt. Er muß sich ihnen entgegenstellen, indem er, sie erkennend, das Zentrum seines Wesens, seinen Ich-Mittelpunkt erkraftet.

Siegelzeichen für «Der Seelen Erwachen»

Von der Vier schreitet die Entwicklung der Siegel zu der Polarität zwischen Einheit und Zwölfheit fort. Der Ichpunkt der Mitte hat sich zu einem Kreis erweitert, der Ausdruck der Erfülltheit der in sich beschlossenen Selbstheit ist. Von ihm strahlt nach außen in kosmischer Zwölfheit und nie endender Bewegung der Spruch «ICH ERKENNET SICH», dessen Anfang das Ende, das ICH das S-Ich, in sich aufnimmt. Jedes dieser drei Wörter wird in einem Laut von einem zu einem Blitz verwandelten Strahl berührt, der nach dem Haupt der Schlange hinstrebt. Das Motiv ist umschlossen von dem alten Ewigkeitssymbol der ihren Schwanz fassenden Schlange, der Schlange, die sich selbst verzehrt und dadurch sich selbst stets erneut.

In diesem Drama sollen die Kräfte, welche die Persönlichkeiten auf Geisteswegen errungen haben, in einem Gemeinschaftswerk, das auch industrielle Produktion einschließt, fruchtbar werden. Dabei entstehen ihnen die größten inneren und äußeren Schwierigkeiten. Diese können nur dadurch erhellt werden, daß ihre Erkenntnis noch weiter in die eigene Vergangenheit und in die Beziehung des Menschenschicksals zu den Geistmächten des Kosmos eindringt.

Grundfläche und Komposition

Frei in eine Grundfläche gezeichnete Gestaltungen haben ihre erste und eindringlichste Beziehung zu dem Format und der Größe derselben. Diese Gegebenheiten wirken am neutralsten im Quadrat oder Kreis. Schon in den Abwandlungen zur Höhe oder Breite entstehen spezifische Aussagen: So entspricht z. B. das Hochformat mehr der aktiven, tagwachen Haltung eines Menschen, während das Breitformat in seiner lagernden, ausgebreiteten Ruhe dem Schlafe näher steht.

Dazu kommt, daß in der Grundfläche oben und unten, rechts und links weitere Ausdrucksqualitäten in sich tragen.

Wie verschieden diese auf den Betrachter wirken, hat Heinrich Wölfflin 1928 durch eindringliche Bildanalysen nachgewiesen. Hagen Biesantz zeigt, Wölfflins Forschung weiterführend, in dem Kapitel «Die Nichtumkehrbarkeit des Bildes»[1] die Gesetzmäßigkeit auf, die der differenzierten Wirkung der linken oder rechten Bildseite zugrunde liegt. Der Blick des Europäers ist durch das Lesen daran gewöhnt, von links her in die gestaltete Fläche einzutauchen.

Im Bilde strömt von links nach rechts Vergangenheit der Zukunft entgegen; von rechts begegnet ihr der Strom, der, von der Zukunft her kommend, die Vergangenheit zur Gegenwart macht. In den verschiedensten Möglichkeiten wirken diese Strömungen gegen- und ineinander. Als besonderes

[1] Hagen Biesantz, Kretisch-mykenische Siegelbilder, Marburg 1954.

Beispiel sei auf den Wirbel hingewiesen. In dem Tierkreiszeichen des Krebses erscheint er, wo der zur Höhe gelangte Jahreslauf in das zunächst absteigende, aber doch neue Werden überspringt. Rudolf Steiner sagt in dem Vortrag vom 28. 6. 1907, daß diese Zeichen entstanden sind durch «ein sich Hineinfinden in die wirklichen, großen Weltenkräfte, die draußen in der Welt spielen. Und alles, was wir da aufzeichnen, muß so sein, daß ein Entwicklungsvorgang in den anderen hinüberspringt . . . das bezeichnet man mit zwei sich ineinanderschlingenden Spiralen, die gar nicht zusammenkommen . . .»

Wassily Kandinsky hat der Frage nach den immanenten Gesetzen der Grundfläche in seinem Buch «Von Punkt zu Linie und Fläche» 1926, eine eingehende Betrachtung gewidmet und die verschiedenartige Wertigkeit von ihrem links-rechts, oben-unten in mannigfaltigen Formulierungen und Assoziationen, z. B. hell-dunkel, warm-kalt bis zu mathematischen Formulierungen hin dargestellt.

Im Gegensatz von oben und unten empfindet der Mensch sein Eingesperrtsein in die Schwere, die ihn zur Erde hinunterzieht. Durch seine aufrechte Haltung entreißt er sich ihr und taucht mit seiner Sinnes- und Denktätigkeit in die Leichte des Oberen.

Soll eine Aufwärtsbewegung verdeutlicht werden, kann das dadurch geschehen, daß der obere Teil der Gestaltung dichter, schwerer wird als der untere; dadurch wird die Kraft wahrnehmbar, die ihn trotz seiner Schwere nach oben trägt. Ist der untere Teil des Gebildes schwerer und betont, sinkt es herab. Für nicht figürliche Gestaltungen gibt es unter anderem die Möglichkeiten, radial von einem Zentrum aus – oder vom Umkreis ins Innere, ins Zentrum zu wirken.

Solche Bildungen brauchen sich nicht nach oben und unten, rechts oder links zu ordnen, sie schweben schwerelos und unabhängig von der Form der Grundfläche. Frei von den Gesetzen des irdischen Raumes erscheint Kosmisches.

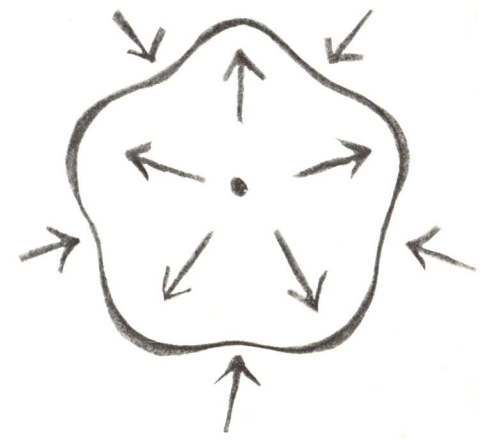

Liniengestaltungen

Die erste Entscheidung ist, wo auf der Fläche die Linie vom Punkt, ihrem Samenkorn, den Ansatz findet, dann welche Richtung sie nimmt, welche Qualität sie entwickelt. Die Eigenschaft der geraden Linie ist Entschiedenheit, Bestimmtheit, aber auch Starrheit. Ändert sie ihre Richtung, so entsteht ein Bruch, der Winkel, der als spitzer Winkel eine Verengung, als stumpfer eine Ausweitung bewirkt und eine neue Bestimmtheit veranlagt. Die gerade Linie hat apollinischen Charakter.

Eine regelmäßig gebogene Linie bildet den Kreis oder eine Lemniskate, eine Welle und ist nicht von einer Zielrichtung, sondern von ihrer inneren Dynamik her bestimmt. Doch bleibt ihr Verlauf dem ihrer Natur entspringenden Gesetz verpflichtet. Sie lebt in einem naturhaft rhythmischen Element und spricht das Gefühl an. Die gebogene Linie kann dionysischen Ausdruckswert erreichen. Frei geführte Linien, gerade und gewinkelte, gebogene und gekrümmte können zum Ausdruck des Ichbewußtseins des modernen Menschen werden. In jedem Augenblick muß der Wille wach den weiteren Weg entscheiden, die noch nie geschaffene neue Form erzeugen. Zwischen geometrischer Erstarrung und phantastischer Willkür führt der schöpferische Impuls hindurch. Die Linie pendelt zwischen Auflösung und Verhärtung. Sie hat ein Schicksal; sie findet sich in der Gemeinsamkeit mit anderen oder im Gegensatz zu ihnen.

Von der Linie zur Flächenführung

Die Sprache der Linie wird nicht nur durch ihre Richtung und Bewegungsform, durch Schärfe oder Stumpfheit ihrer Beugung ausdrucksvoll; Ausdehnen und Anschwellen, Verbreitern und Abnehmen, Zusammenziehen bis zur reinen Spur der Bewegung geben ihr Atem, stärken die Aussage. Mit dem Verbreitern der Linie, mit dem «Flächigwerden», nimmt sie an Schwere und Bedeutung zu. Sie nähert sich damit auch immer mehr den Gesetzen der Fläche, trägt aber doch noch den Bewegungsimpuls der Linie in sich. Die Spannung zwischen Ruhe und Bewegung, aktiver Form und Zwischenraum ergeben die Geste der künstlerischen Gestaltung.

Für die künstlerische Gestaltung von Bucheinbänden sind durch die Anregungen Rudolf Steiners neue, noch kaum erkannte Gesetze aufgezeigt worden.

Welch differenzierte Qualitäten die verschiedenen Bewegungsrichtungen auf der Fläche haben, was Schwere und Leichte auf einem Titelblatt bewirken, soll an den Entwürfen Rudolf Steiners studiert werden.

Die folgenden Zeichnungen sind nicht nach der zeitlichen Entstehung geordnet, sondern nach bestimmten Motiven.

Die als Beispiele verwendeten Formen sind aus den Entwürfen Rudolf Steiners herausgezeichnet.

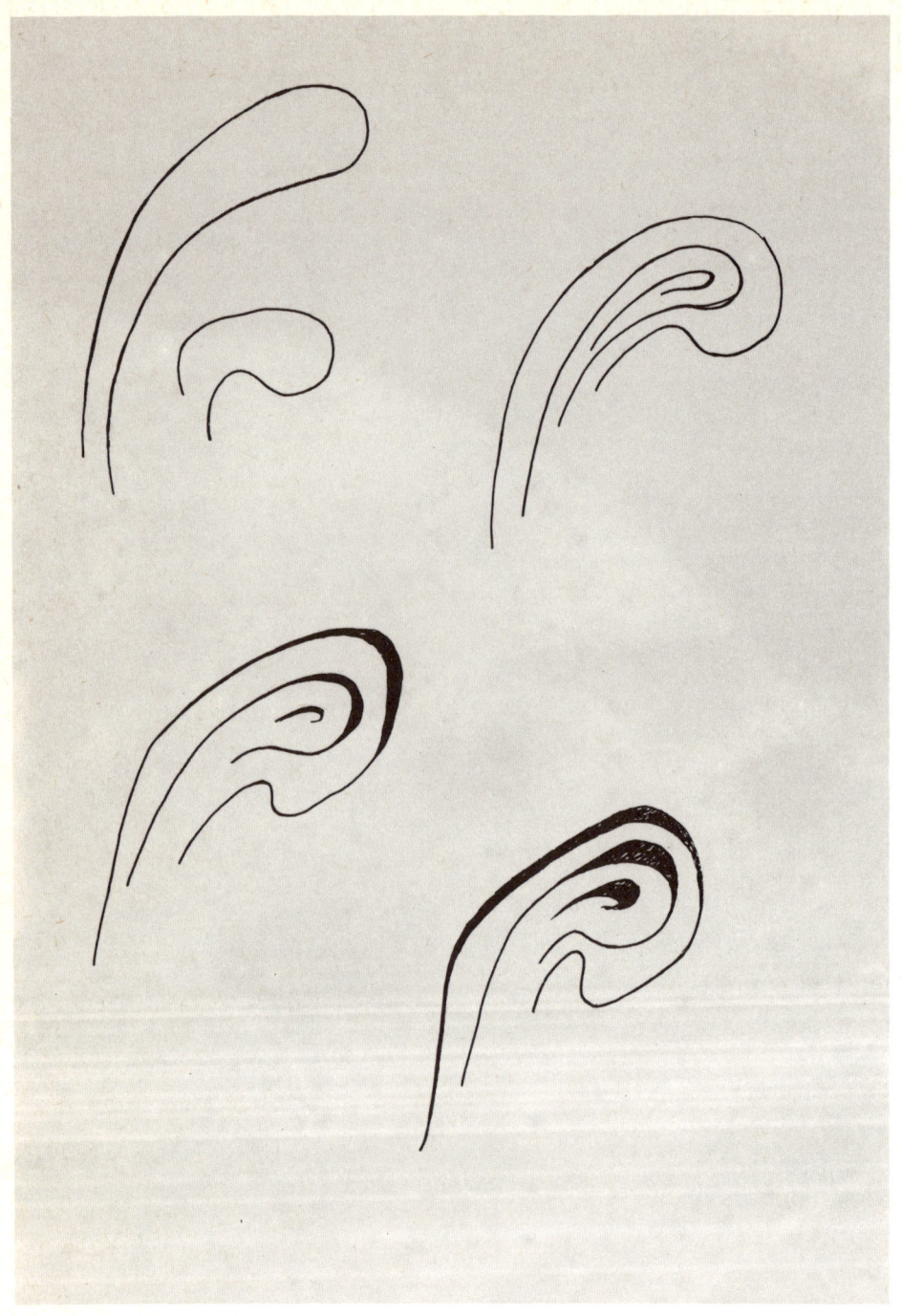

a. Eine aufsteigende und sich leicht nach rechts neigende Bewegung wendet sich zurück und schmiegt sich, einen Innenraum bildend, der aufsteigenden Linie an.

b. Eine zweite Studie zeigt, daß der entstandene Innenraum weitere Linienführungen aufnimmt, die sich in differenzierter Weise der Flächenbewegung einfügen.

c. In der folgenden Zeichnung ist anschaubar, daß durch die Verbreiterung der Linien eine Verstärkung der Bewegungstendenz möglich wird. Durch die gespanntere Führung der Linien steigert sich die Aussagekraft der Form.

d. Die Form, die durch die Betonung rechts zu kippen drohte, wird durch die Rückwärtsverlagerung der durch Flächen gegebenen Akzente gehalten. Dementsprechend entsteht in den ausschwingenden Linien eine stärkere Dynamik.

38

Flächengestaltungen
Helldunkel und Farbe

Mit dem Ausdehnen, Ausbreiten zur Fläche kommt der Farbigkeit und dem Helldunkelwert eine immer größere Bedeutung zu. In dem Dialog der Formen offenbaren sich zugleich die Gebärden der Farben und diese wirken prägend in die Gestaltung hinein. Bewegung wird Fläche; Fläche ist Form und zugleich Ausdruck der inneren Farbbewegung.

Flächendurchdringungen
Transparenz und Verdichtung

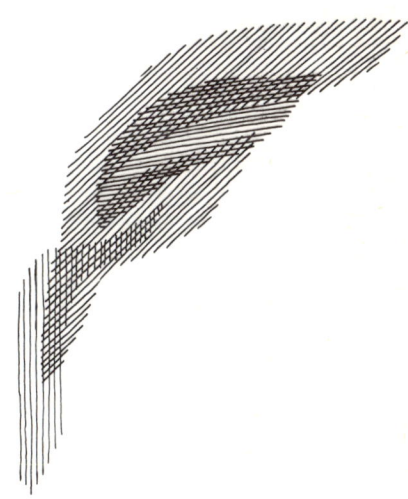

Überlagerungen und Überschneidungen von Formen werden sichtbar, wenn die Flächen transparent gehalten werden. Die Durchdringung bleibt als Prozeß erlebbar, der Untergrund als Helligkeit durchscheinend. Wo sich in der Malerei Farbmischungen ergeben, entstehen in der Helldunkel-Kunst Schattierungen, mehrere Schichten schaffen Dunkelwerte, die als Verstärkungen oder Vertiefungen im Gestalten wirken.

Kräftewirken in der Fläche

Gestaltung von Bucheinbänden

Die seit 1907 entstandenen Entwurfszeichnungen Rudolf Steiners waren, wie wir schon sagten, nicht expressionistische Aussage, sondern dienten sozialen Zwecken. Gegenstände des Gebrauchs sollten durch sie künstlerisch belebt werden.
Die meisten Zeichnungen entstanden für die Einbände von Büchern, seiner eigenen oder die anderer Autoren, und weisen zeichenhaft auf deren Inhalt hin.
Für den Bucheinband ist vorgegeben die feste Begrenzung auf der linken, gebundenen Seite, die Füllung des mittleren Raumes durch den Titel und die Tatsache, daß das Buch rechts unten mit der Hand ergriffen und geöffnet wird. Dadurch verschiebt sich die für die Zeichnung gegebene Grundfläche im wesentlichen nach links oben. Die linke obere Ecke bestimmt als Grundfläche die Gestaltung des Bucheinbandes. Folgende Möglichkeiten seien hier aufgezeigt:

1. Aus den aufsteigenden Kräften entstehen Formungen, die zunächst der vertikalen linken Begrenzung folgen, dann aber, die obere Horizontale erspürend, und sich ihr anschmiegend, sich nach rechts wenden. Die Bewegung geht von der Vergangenheit in die Zukunft. Formen, aus solchem Kräftestrom gebildet, bringen etwas Beschützendes, Haltendes zum Ausdruck. Sie machen im einfachsten Sinne deutlich, was bei einem gestalteten Bucheinband der menschlichen Empfindung entgegenkommen soll.

5. Eine weitere Möglichkeit ist die Begegnung zweier Bewegungskräfte, die aus verschiedenen Richtungen kommen. Durch das Zusammenwirken dieser Gegensätze findet eine Umgestaltung des Vorhandenen statt. Zugleich kann es in diesem Spannungsfeld zu eigenständigen, neuen Bildungen kommen.

2. Eine entgegengesetzte Gestaltung entsteht aus dem Hereinsinken von Kräfteströmungen, von oben rechts nach unten links. Zukunftskräfte wirken. Ist der Kraftquell, der in das Gestaltungsfeld wirkt, rechts oben, so wird in dem Betrachter der Eindruck erweckt, als wirke Zukünftiges.

3. Es kann die linke obere Ecke als Kraftquell wirken, von dem aus die Gestaltung ihre Richtung diagonal zur Mitte hin nimmt.

4. Aus der Mitte der Gesamt-Grundfläche wirken Kräfte, die zur linken oberen Ecke hin aufstreben. Sie strahlen von unten her in die über die Fläche ausgebreitete Form prägend ein. Kommt dieser Prozeß in dem Spannungsfeld von Hell-Dunkel zum Ausdruck, weisen die Formen differenzierte Schattierungen auf.

6. Aus verschiedenen Richtungen bewegen sich Kräfte aufeinander zu, sie beeinträchtigen sich ihrer Dynamik entsprechend, können sich überlagern, steigern oder auch durchdringen.

7. Ein schon in Urzeiten geschaffenes Motiv ist die sich einwickelnde und auswickelnde Spirale, bei der die Linie abbricht und gleichsam nach dem Durchgang durch die Unsichtbarkeit neue Gestaltungskräfte aufnimmt.

8. Bildmotive ordnen sich den oben beschriebenen Grundgesetzen ein, und erweitern das reine Linien- und Flächengeschehen. Treten Farben hinzu, wirkt Polarität von aktiven und passiven, leichten und schweren, hellen und dunklen Farben.

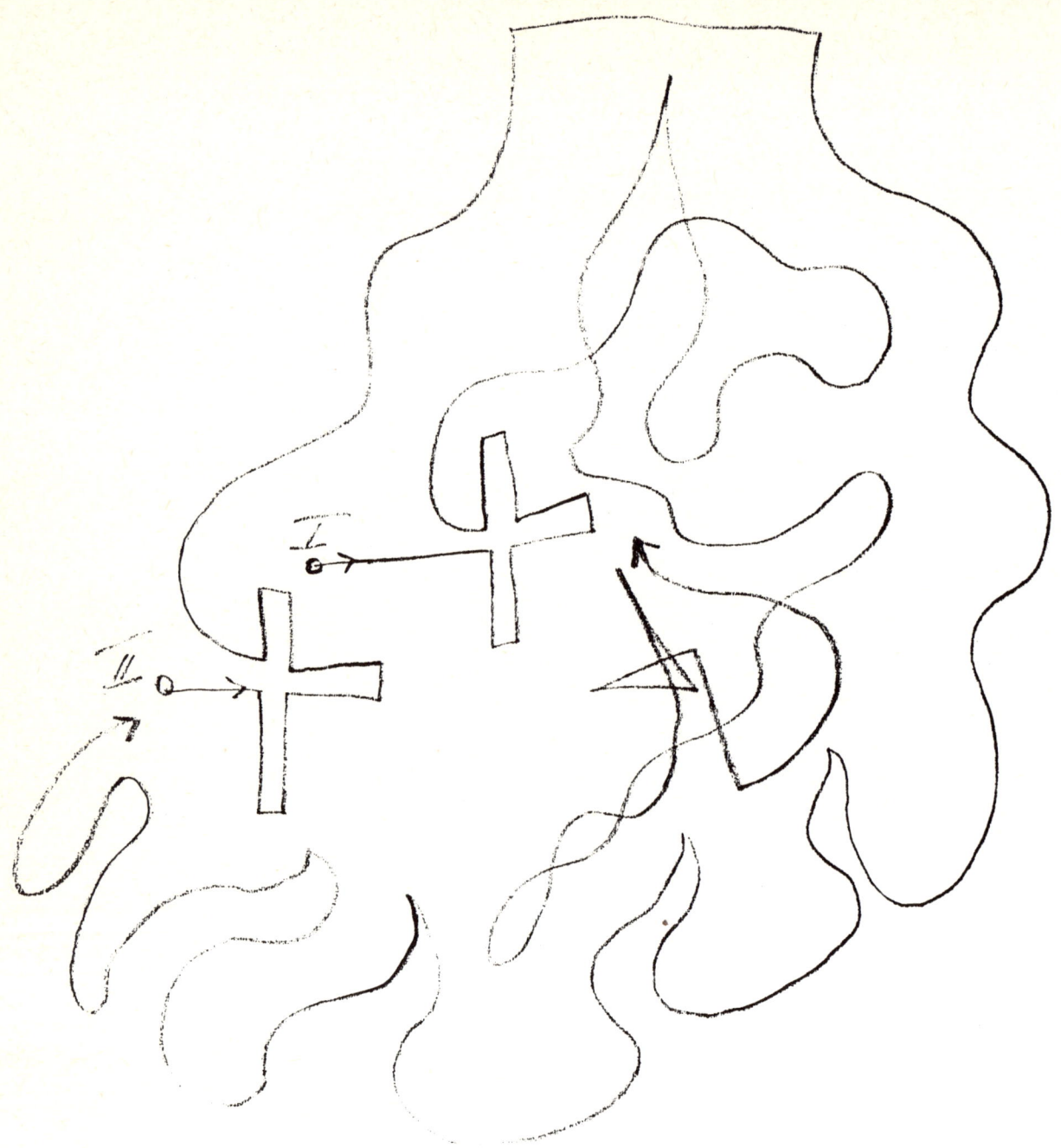

Eurythmie-Form

Von Rudolf Steiner zu dem Gedicht
«Lebenslied» von Robert Hamerling gezeichnet.
Es entstanden ungefähr 1500 solcher Formen für die Eurythmie zum Teil mit zusätz-
lichen Angaben für die Kostüme und die
farbige Beleuchtung.

Lineare Gestaltungen in den Entwürfen Rudolf Steiners

Bei dem Vorgang des Schreibens und Zeichnens ist es naheliegend, daß zuerst Feder oder Stift das Werkzeug werden, deren sich der schöpferische Geist bedient. Die Führung der Einzellinie erscheint zunächst in ihrer individuellen Bewegung, erst mehrere Linienführungen schaffen im Mit- und Gegeneinander das Spiel der Zwischenräume und die Beziehung zum Außenraum.

Bewegungen werden anschaubar; was Führen und Begleiten, Steigen und Fallen, Binden und Lösen, Schwingen und Stoßen, Kreuzen und Schneiden der Linien über die Fläche hin bedeuten, wird erlebbar. Rudolf Steiner zeigt in wenigen, aber so vielseitigen Skizzen eine neue Art, solche durchfühlten und vom Willen geführten Bewegungen sichtbar zu machen.

In vielen choreographischen Aufzeichnungen für die Eurythmie, die durch Rudolf Steiner neu geschaffene Bewegungkunst, zeigt sich eine meisterliche Hand. Hier ist die Linie Spur der Bewegung, in welcher der eurythmisierende Künstler Musik und Dichtung in Raum und Zeit sichtbar macht.

Die Eurythmie-Formen, aufschlußreich für den Eurythmisten, sind für den naiven Betrachter geheimnisvolle, schöne Liniengefüge voller Harmonie und Musikalität.

Ein weites Feld in der bildenden Kunst ist die darstellende Zeichnung. Hier führt die reine Linie durch scharfe, kritische Typisierung und Übertreibung zur Karikatur oder sie vermittelt in zarten sensiblen Andeutungen die Innigkeit seelischer Gebärden.

Entwurf für die Broschüre «Die Kernpunkte der sozialen Frage», 1919

Das Zeichen besteht aus drei Liniengebilden, die sich in differenzierter Weise aussprechen. Während die äußere Linie noch parallel dem Bildrand folgt, die Ecke nachzeichnet, öffnet eine zweite, ähnlich geführte den rechten Winkel und begrenzt zugleich einen Zwischenraum. Ein Dreieck, dessen Winkel die Führung der äußeren Linie wiederholt, schafft das Charakteristikum dieses Urbildes, das in vielfachen Variationen für die Dreigliederungsidee erscheint.

Entwurf für die «Verwaltungsgesellschaft des Goetheanums», 1918

Dieser Entwurf ist ein Beispiel dafür, wie sich die Form aus dem rechten Winkel befreit und die gerade Linie sich belebt. Zwei leichtgebogene Linien überspannen in verschiedener, sich ergänzender Führung und Beugung die Grundfläche. Während die äußere Linie sich an den beiden Enden verstärkt und dadurch der Form Halt verleiht, verdichtet sich die zweite in der Mitte und bildet dadurch gleichsam eine Gegenform zu der linken oberen Ecke, von der Kräfte in die Grundfläche einstrahlen. Zwischen beiden Linien entsteht ein atmender Raum.

Studien zum Titelblatt
«Wahrheit und Wissenschaft»
von Rudolf Steiner

In dieser Zeichnung ist eine dritte Linie hinzugekommen und gibt die Möglichkeit, daß sich das Formgebilde rhythmisiert. Im An- und Abschwellen der Linien bewegen sich zugleich die entstehenden Zwischenräume. Die Gleichwertigkeit am Anfang der Linien hat sich nach der Entfaltung zart gegliedert: die Mittellinie ist verstärkt zwischen der ausklingenden begleitenden Führung. Der großflächige Innenraum endet in schmal zusammengezogener Geste.

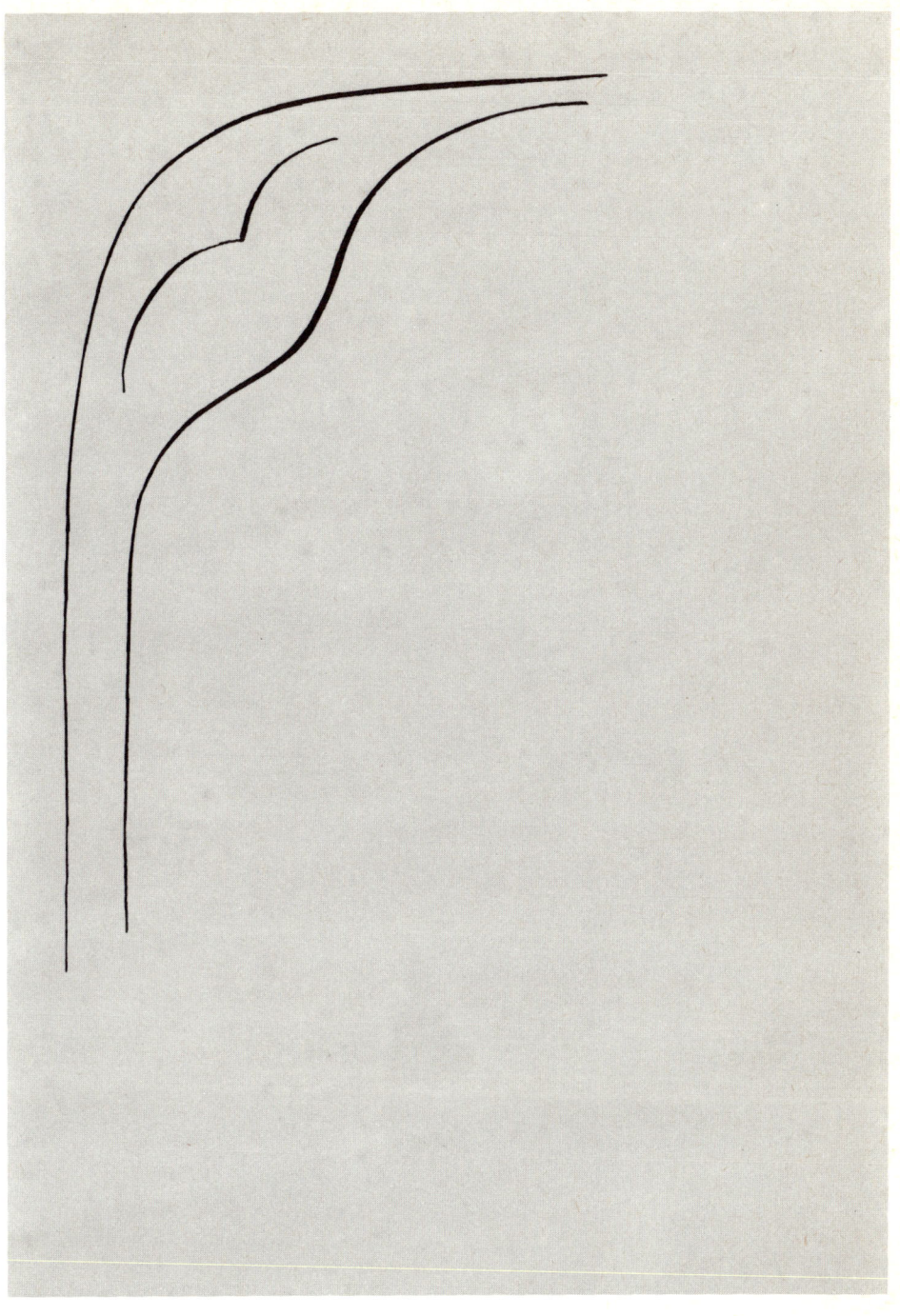

Die differenzierte Stärke der drei weich gleitenden Linien schafft ein sensibles Formgebilde. Die innere zieht sich zusammen und gewinnt in der Mitte durch den sich bildenden Knick eine Kraft, welche die untere Linie zur Ausbuchtung bringt. Von den beiden Linien umhüllt, dringt das markante innere Geschehen nur gemildert in die Grundfläche ein.

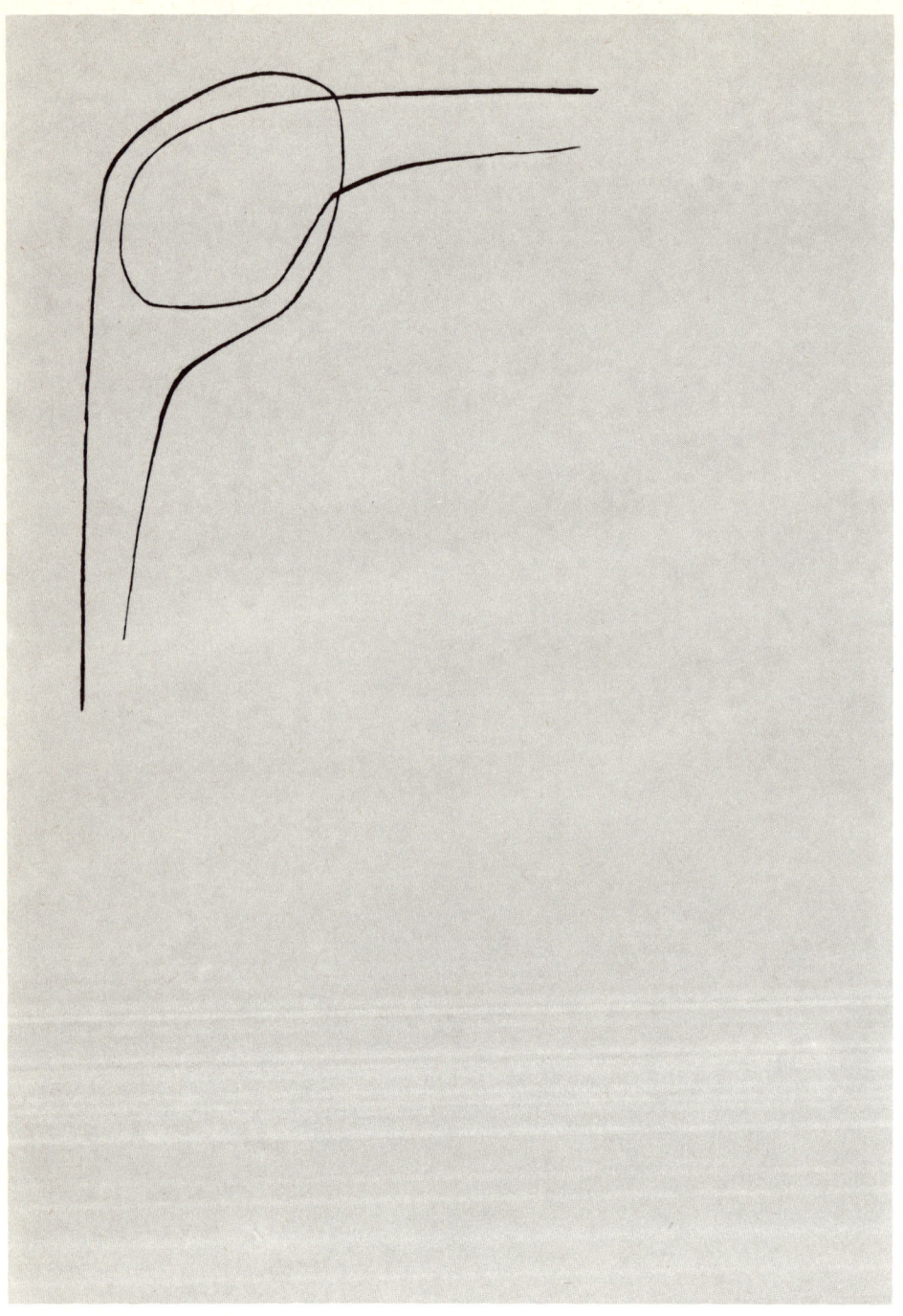

Studie für die Aktiengesellschaft
«Kommender Tag», 1921

Bei den folgenden Zeichen kommt ein neues Element zur Geltung, indem die Linien sich kreuzen und sich Formen durchdringen.

Zwei gleichwertige, in einer Kopfbildung sich abschließende Formelemente schieben sich, aus der Vertikalen und der Horizontalen aufeinander zustrebend, ineinander; sie lassen einen Innenraum entstehen. Aus der Begegnung bildet sich eine abgeschlossene Form. Die Linien sind sensibel, leicht gekurvt und schwellen leise an und ab.

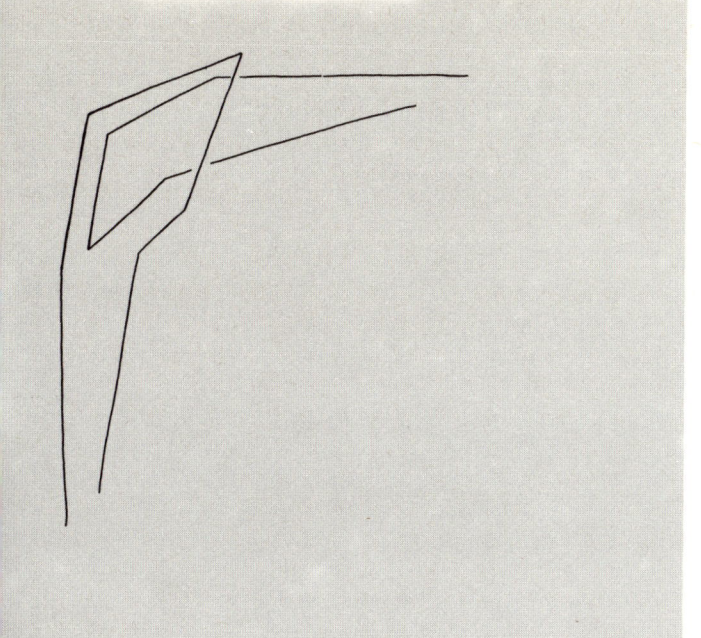 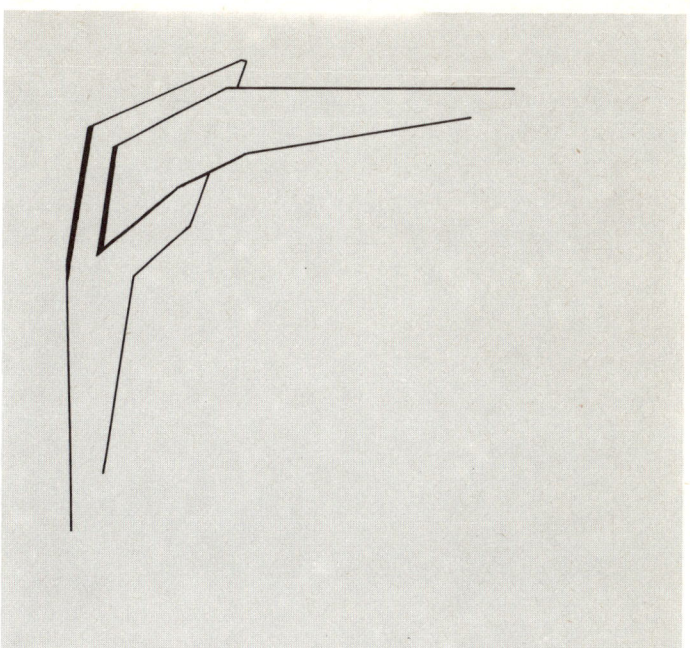

Diese Studie wurde nicht ausgeführt, erscheint aber verwandelt auf dem für die Administration des Goetheanum verwendeten Briefbogen. Dazu sind noch zwei weitere Fassungen erhalten, an denen der Verwandlungsprozeß abgelesen werden kann. Das Grundmotiv der Kopfbildung durch zwei sich ineinanderschiebende For-

men ist geblieben, doch wurde die weiche Linienführung in die Bestimmtheit der Geraden hineingestrafft, die Form in ihrem Ausdruck gesteigert.

Zeichnungsschein der Aktiengesellschaft
«Kommender Tag», 1921

Der Innenraum öffnet sich und nimmt zwei Schriftzeilen auf. Auch hier sind die Linien in verschiedener Stärke eingesetzt, was der Formgebärde Haltekraft verleiht. Das verschiedene Ansetzen und Ausklingen der Linien macht wahrnehmbar, wie das Zeichen sich aus der Grundfläche in die Sichtbarkeit herausbildet und dann wieder in sie hinein verliert.

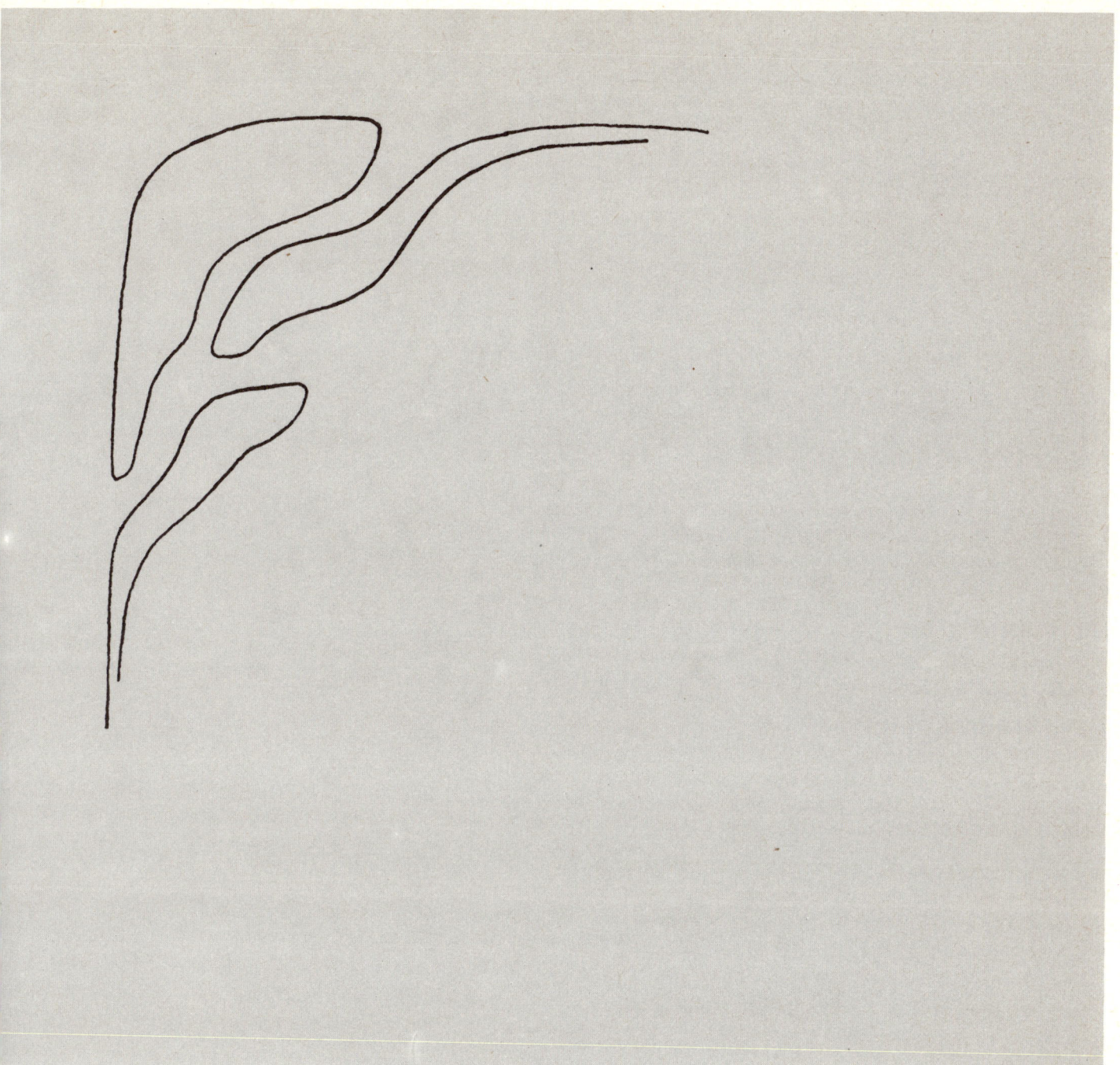

Signet für die Einladung zum ersten Medizinerkurs, 1920

In diesem Zeichen werden durch zarte Linien drei lichte Flächen geschaffen, die sich in einem feinfühligen Formenspiel zueinanderfügen. Die geschlossene ruhige Form, die sich der Ecke anschmiegt, hält die beiden bewegten jüngeren Formen, die aufeinander zustreben. Der Wechsel zwischen den Abständen, die bald einen Innenraum, bald einen offenen Zwischenraum bilden, fügt die Dreiheit zu einer harmonischen, in sich schwingenden Einheit.

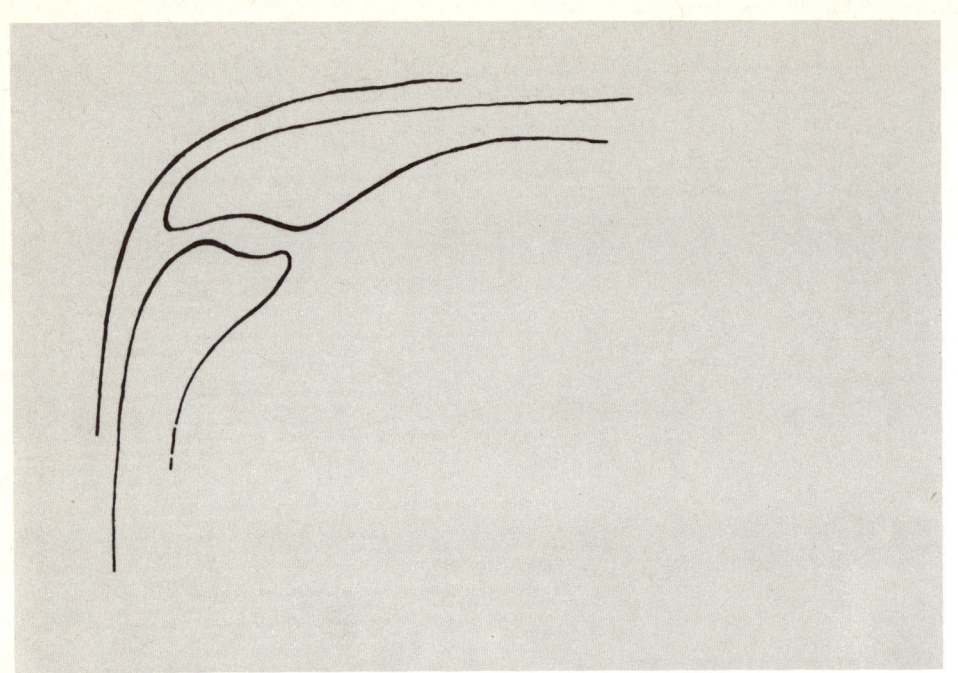

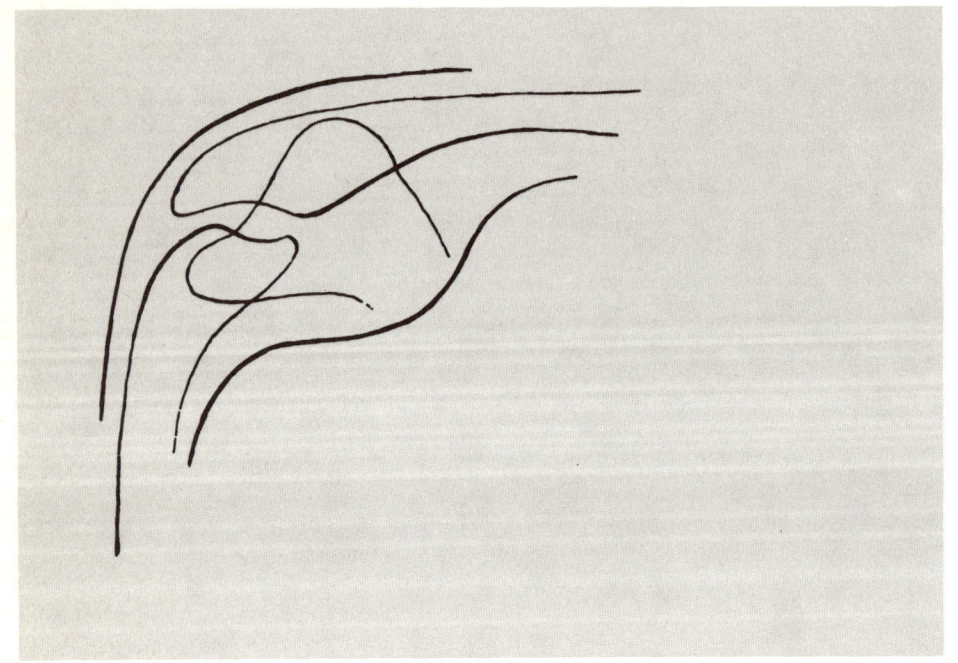

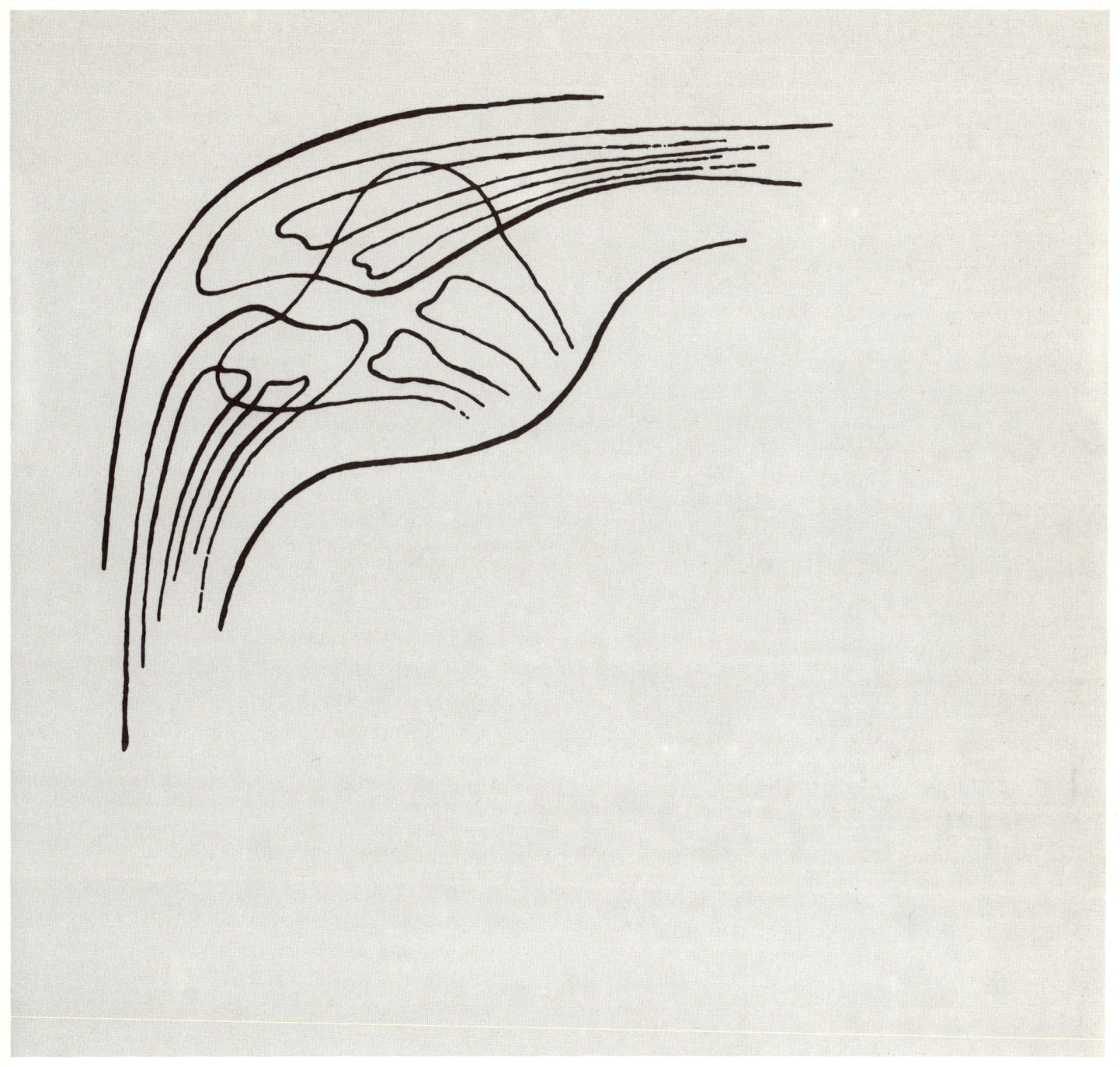

Zeichnung von Rudolf Steiner, verkleinert

Zwischen umhüllenden Linien nehmen wir ein kompliziertes Gefüge wahr, in dem sich schwebende, in sich gegliederte Gebilde begegnen. Neu ist bei dieser Zeichnung, daß eine dritte aus der Diagonale der Grundfläche aufsteigende Form, sich ausweitend, die beiden anderen durchdringt, ohne deren strömende Bewegung zu stauen.

53

Beispiele für Flächengestaltungen
in den Entwürfen
Rudolf Steiners

In mannigfaltiger Weise können hier die Möglichkeiten aufgezeigt werden, wie sich in fließendbewegten, aber auch kantig-gebrochenen Formen ein neuer Gestaltungsimpuls offenbaren kann. Immer bleiben diese Formen einer inneren Bewegung verpflichtet, deren Auswirkungen sich in unerschöpflichen Variationen und Metamorphosen offenbaren. Hier ist der schöpferischen Phantasie bis in die Technik hinein ein weites Feld eröffnet worden.

Kopf für die Wochenschrift
«Dreigliederung des sozialen Organismus»
1920

Das Zeichen soll als erstes Beispiel dafür dienen, wie sich die Linie zur bewegten Fläche dehnt, worüber in den grundsätzlichen Ausführungen gesprochen wurde. Es baut sich deutlich aus drei Motiven auf, deren Binnenformen mit den Zwischenräumen zusammenklingen. Aus der unteren tragenden Form löst sich die kleinere, leicht sich aufschwingende mittlere heraus. Sie wird überdacht von der mit großer Gebärde sich entfaltenden horizontalen. Wie von einem starken «Winde» bewegt, weist das Zeichen in die Waagrechte. Die Schraffur ist nicht von Rudolf Steiner gezeichnet.

Briefkopf für «Das Goetheanum,
Freie Hochschule für Geisteswissenschaft»,
Dornach, Schweiz

Das Goetheanum-Zeichen verbreitert die Linienführung noch stärker zur Flächenbildung hin. Es bildet sich aus zwei scheinbar einfachen, jedoch von starker innerer Spannung erfüllten Formen. Die äußere steigt auf, in energischen Richtungsänderungen von der Vertikalen in die Horizontale übergehend, dann die Bewegung in sich zurücknehmend. Eine innere, jüngere, weniger differenzierte Form schmiegt sich ihr aufstrebend an.

Eine Variation zeigt dieses Motiv in mächtiger Verstärkung der Formen und kontrastreicher Farbigkeit

Mit der Flächigkeit wird die Möglichkeit für die Mitwirkung des Farbigen gegeben.

Das Motiv ist aus dem Wirbel entstanden, der Ende und Neubeginn anschaubar macht. Die von unten aufsteigende Bewegung verstärkt sich, wendet sich in sich zurück und endet in einer empfangenden Gebärde. Die zweite setzt um so kräftiger mit ihren Ausbuchtungen ein. Von unten stützt eine in drei Spitzen ausgezogene Fläche das Geschehen; eine solche oben gleicht sich differenzierter der Einbuchtung der Hauptform an und schwingt mit einer Bewegung nach rechts aus.

Mitgliedskarte für die Allgemeine
Anthroposophische Gesellschaft, 1924

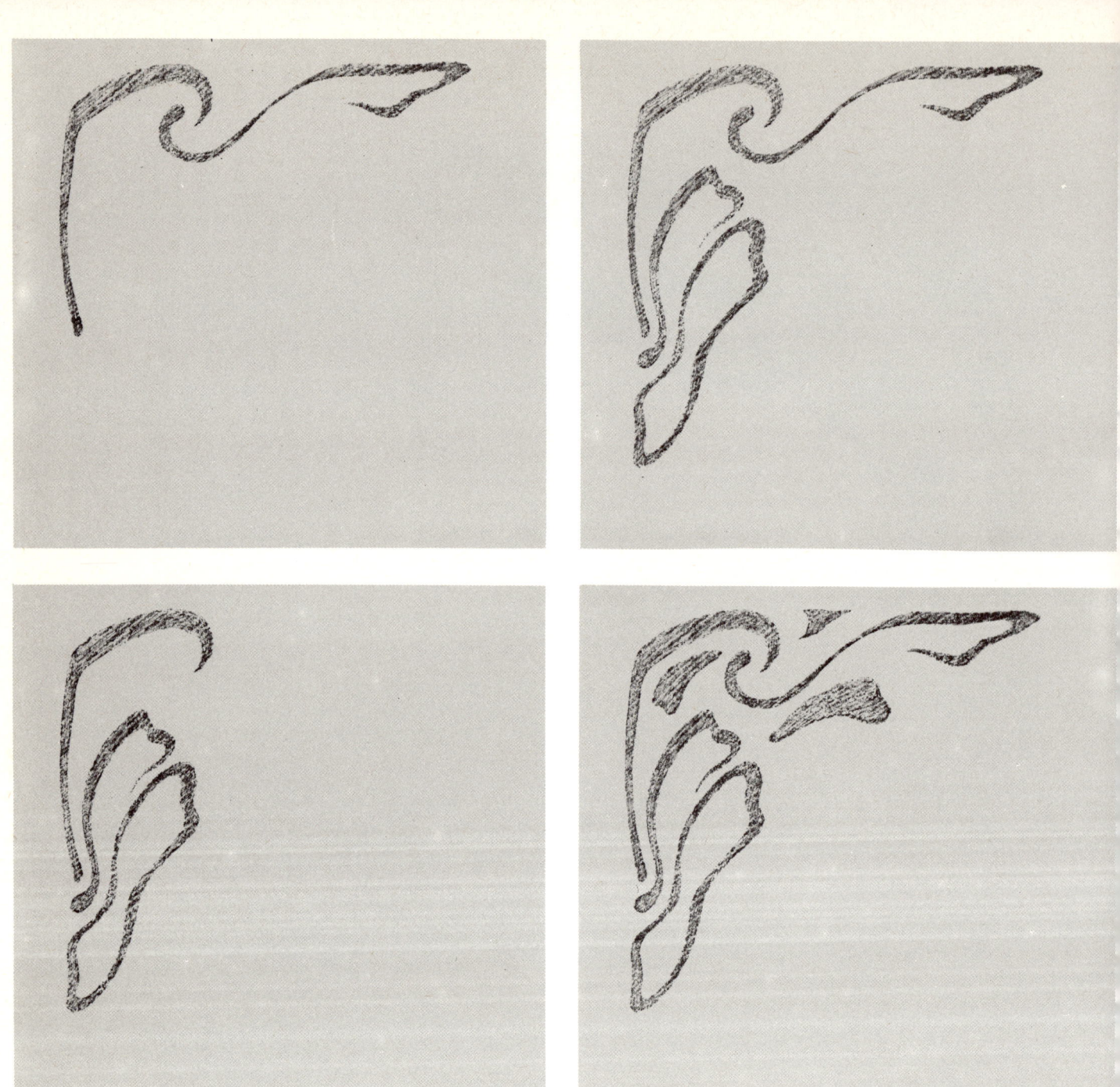

Mitgliedskarte für die Anthroposophische Gesellschaft, Zweig am Goetheanum, Dornach 1921

Diese freischwebenden Formen sind von keiner Regel, aber von innerer Gesetzmäßigkeit bestimmt. Sich entfaltende Linien und strömende Flächen fügen sich zu vollkommener Harmonie ineinander. Eine geschlossene, nach unten und nach oben sich verstärkende Form wird von einer sich nicht mehr schließenden Linie überhöht; von dieser erhebt sich eine nächste, die die Bewegung in die Horizontale überführt. Sie entläßt wirbelartig eine weit sich dehnende Linie, die in ihrer Gebärde über sich hinausweist und doch in sich zurückkehrt. Sie ist von der am stärksten verdichteten Form getragen und wird oben von einer leichten begleitet.

*Vorentwurf zur Titelseite
der Wochenschrift
«Das Goetheanum» 1921*

1921 begründete Rudolf Steiner die Wochenschrift «Das Goetheanum». Für ihre Titelseite schuf er die Vorstudie, die das später geradlinig ausgestaltete Motiv in strömender Bewegung gibt. Es entsteht von den drei wirbelartigen, flächig ausgebildeten Ansätzen her, die sich in verschiedener Weise entfalten. Diese Bildungen, die wie

ein Saatfeld empfunden werden können, werden von der unteren Linie getragen, von der oberen, weitschwingenden beschirmt. Die zu Flächen anschwellenden Linien ziehen in mächtigem Schwung nach rechts oben. Die schräg aufsteigende Schriftzeile ist auch hier schon in das Motiv einbezogen.

Die in der Vorstudie veranlagte Dreiheit bleibt erhalten, bildet sich aber durch die stark gewinkelte Flächenführung markanter aus. Die weiche, tragende Linie hat sich zusammengezogen und durch den spitzen Winkel und die energisch in die Diagonale weisende Richtung eine willensmäßig betonte Ausdruckskraft bekommen. Aus der

*Titelseite der Wochenschrift
«Das Goetheanum» 1921
Originalzeichnung von Rudolf Steiner,
verkleinert*

überhängenden oberen Linie wurde in dieser Metamorphose eine mächtig strebende, das ganze Zeichen überdachende Bewegung. Der so begrenzte Raum wird von innen her dynamisch durchgegliedert durch drei aus ähnlichen Formelementen sich erbildende Zeichen. Ein oberes, dessen stark gewinkelte Linienführung in sich zurückstrebt und mit dem kräftigen Akzent des schwarzen Dreiecks abschließt; seine Bewegung wird aufgenommen von einem zweiten, das nach unten hin in einem spitzen Winkel umkehrt und zu einem markanten Abschluß kommt. Aus ihm entfaltet sich das dritte Zeichen in mächtigem Schwung, der sich rhythmisch der oberen Umgrenzung anschließt. Mit der Gesamtform verbindet sich in überzeugender Weise das Schriftbild, das von dem aufsteigenden Strom des Zeichens getragen und gemäß seinen straffen Formtendenzen gestaltet ist. Bemerkenswert ist, daß die horizontal geführte Schrift einen weicheren, runderen Charakter hat.

Titelzeichnung für Julius Mosen «Ritter Wahn», 1921

Weitere Möglichkeiten künstlerischer Gestaltung zeigt dieser Bucheinband. Doch ist diese Komposition aufgebaut aus der Polarität strahliger Geraden und schwingender Flächen.

Aus einem säulenhaften Ansatz entwickeln sich drei differenzierte schalenartige Gestaltungen; sie entlassen drei bewegte Linien, die von einer vierten kraftvoll überwölbt und zuletzt zu einer Wirbelform zusammengefaßt werden. Diese in sich abschließende Gebärde der blauen Bewegungsströme wird verstärkt durch den ruhevoll atmenden Grund der sie begleitenden grünen Flächen.

Titelzeichnung für Hermann von Baravalle «Zur Pädagogik der Physik und Mathematik», 1921

Dem genaueren Betrachten ergibt sich, daß der Ansatz für dieses Zeichen in den zwei diagonal gegenüberstehenden Formen liegt. Eine vertikal aufstrebende und eine weit nach rechts ausschwingende Fläche werden durch eine dritte verbunden, die gleichsam die Kräfte von unten nach oben weitergibt. Dieser Vorgang wird von einer weiteren Form begleitet und gestützt.

Titelzeichnung zu Claude de Saint Martin
«Ecce homo», 1921
Original von Rudolf Steiner, verkleinert

*Bucheinband Claude de Saint Martin
«Ecce homo».
Farben der ersten Ausgabe*

Auf einer Grundform aus hellerem Blau
begegnen und stauen sich zwei charakteri-
stische Farben, ein dunkles Blau und ein
Ockergelb in stark ausgeprägten Formen.
Die Farben stehen in besonders lebhaftem
Flächenspiel.

«Die Kernpunkte der sozialen Frage», 1919

Unter der starken, weisenden Außenform schieben sich verschieden aufgehellte Flächen gegen die Mitte hin vor. Es entsteht der Eindruck einer von innen her leuchtenden Lichtquelle.
Die Helldunkelauffächerung bringt Bewegung und Rhythmus in die Gestaltung.

Titelzeichnung: Ludwig von Polzer-Hoditz
«Der Kampf gegen den Geist», 1919.

Die kristalline Form des nebenstehenden Zeichens hat sich in eine sensible, reichere Gestaltung verwandelt. In den sich aufhellenden Flächen entsteht ein keimhaftes Leben. Während die Umrandung vertikal aufstrebt und sich in die Horizontale beugt, wird auch hier in den Innenflächen eine Lichtwirkung aus der Mitte des Titelblattes spürbar.

Werbeblatt für das erste Goetheanum, 1920.
Zeichnung von Rudolf Steiner, verkleinert

Vorwiegend in die Diagonale hinein entfaltet sich das aus verschiedenen Winkeln aufgebaute Zeichen. Auch hier ist der Halt gebende Winkel in der intensivsten Farbigkeit gehalten. Der mittlere Teil des Zeichens dehnt sich weit über die Fläche hinaus; er schließt ein Dreieck ein, das den Aufschwung bekräftigt. In einer Linie, die einen atmenden Zwischenraum abgrenzt, klingt die Gebärde aus.

Darlehensschein für die Aktiengesellschaft «Der Kommende Tag», 1919

Aus einer breiten, aufrechten Fläche löst sich eine kleinere heraus. Die Abstufung des Blau in der größeren Form betont die schützende Gebärde, während die kleinere durch den farbigen Kontrast zum Hintergrund schwebende Leichtigkeit erhält.

Aktienschein der Futurum AG
Dornach 1921

Auf lichtblauem Grund steigt eine hellröt-
liche Fläche auf, die in ihrer Abwinkelung
durch ein Dunkelrot oben und unten gehalten wird. Dadurch schließt sich dieses Zeichen nicht wie die vorigen zur Grundfläche
hin auf, sondern folgt seinem eigenen Zug.

Transparente Flächendurchdringung

Die folgenden Beispiele zeigen, wie Rudolf Steiner die Zweidimensionalität der graphischen Kunst vertieft und auch hier – wie in der Malerei – den Weg sucht, die Transparenz der Erscheinung durch das künstlerische Mittel erlebbar zu machen. Was durch Schichten von zwei Farbflächen schnell deutlich wird, das Erscheinen einer dritten Farbe, das kann im Schwarz-Weiß durch Strichlagen erreicht werden. Sie wirken in ihrer Einheit als Fläche und erhalten durch ihre Strichrichtung eine ganz spezifische Qualität. In der Überlagerung solcher Flächen ändert sich der Helldunkelwert und die Struktur der Fläche in vielfältiger Weise. Die Formen bewahren ihre ursprüngliche Gestalt auch nach vielschichtigen Überlagerungen. Was in der Malerei mit den lasierenden, nicht deckenden Farben angestrebt wird, findet hier seine Entsprechung in der Schwarz-Weiß-Kunst.

In transparenter Flächengestaltung durchdringen sich ein Dreieck, ein Viereck und ein Fünfstern, indem jede der geometrischen Formen sich durch ihre eigene Strichlage bewahrt. Die Durchdringung der Schraffur erzeugt verschiedene Helldunkel-Qualitäten; nur eine Strichlage ergibt die hellste Fläche; drei Strichlagen erzeugen, sich durchkreuzend, die größte Dichte und Dunkelqualität.

Titelzeichnung für «Die Drei», Monats-
schrift für Anthroposophie, Dreigliederung
und Goetheanismus, 1921

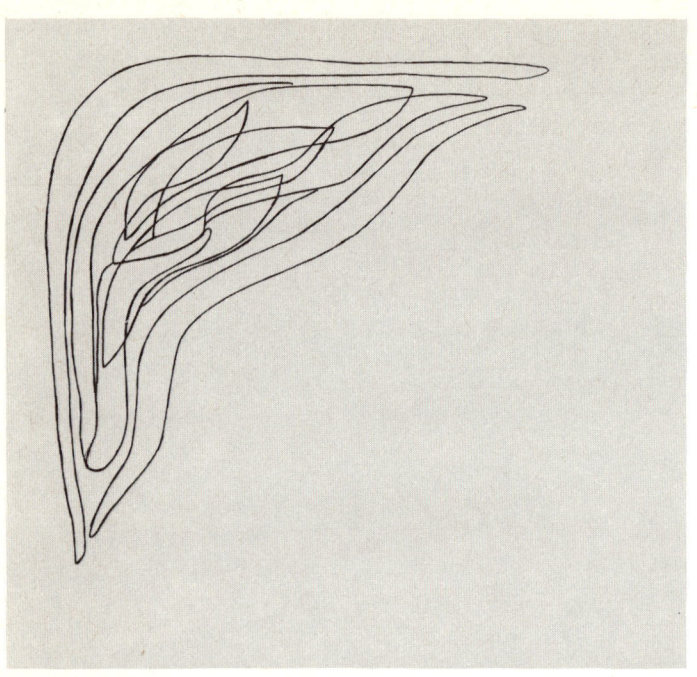
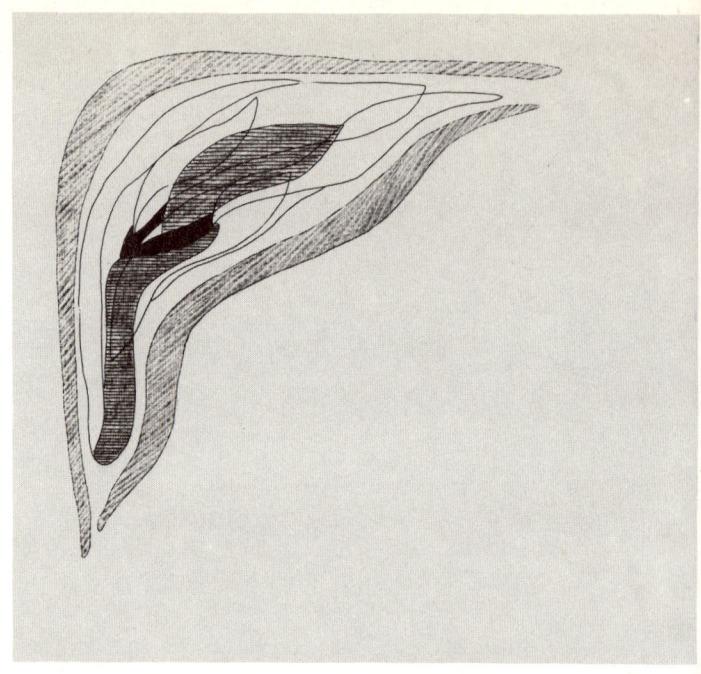
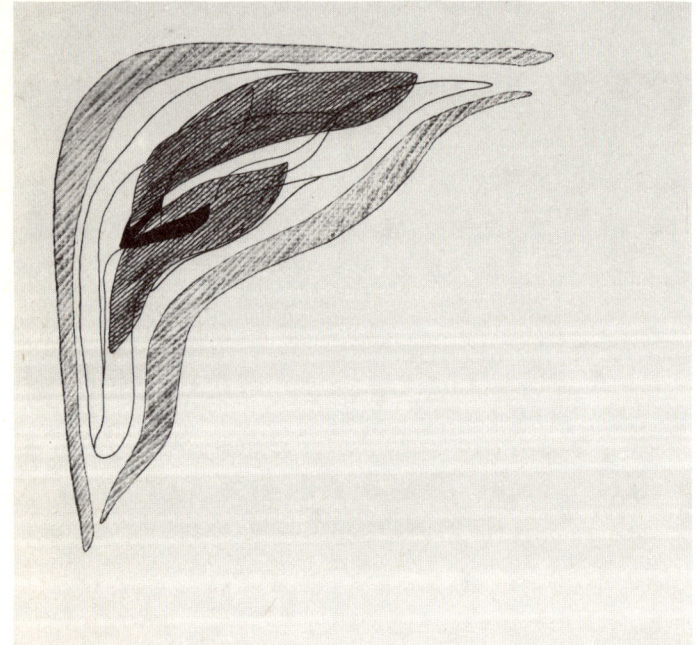
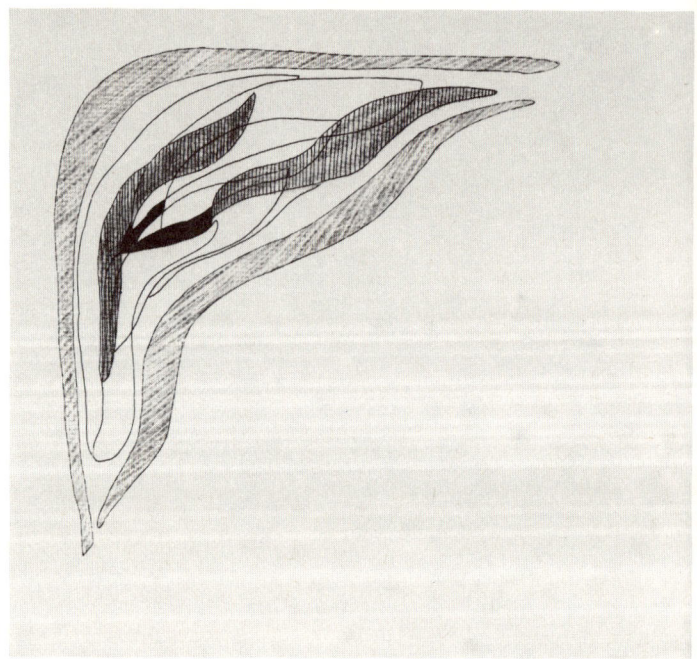

Der Versuch, den Entstehungsprozeß dieser Flächengestaltung anschaubar zu machen, führt zur Entdeckung eines mit meisterhafter Sicherheit gezeichneten Liniengefüges. In weichschwingender Bewegung umfassen zwei Flächenführungen ein freischwebendes inneres Gebilde, das diese in die Verdichtung übergegangenen Hüllkräfte reduziert wiederholt, in der Mitte aber einen sich bildenden dreigeteilten Keim enthält. Aus nur drei Strichlagen entsteht ein lebensvolles Gefüge transparenter Flächen. Die horizontalen Strichlagen werden von dem Wachstumsimpuls der Vertikalen ergriffen; beide, einzeln oder zusammen, von der nach rechts weisenden diagonalen Schraffur durchkreuzt. In ruhevoll absinkenden Vertikalen zwischen den flächigen Hüllenlinien schließt sich diese Entfaltung ab.

Pflanzliches Motiv

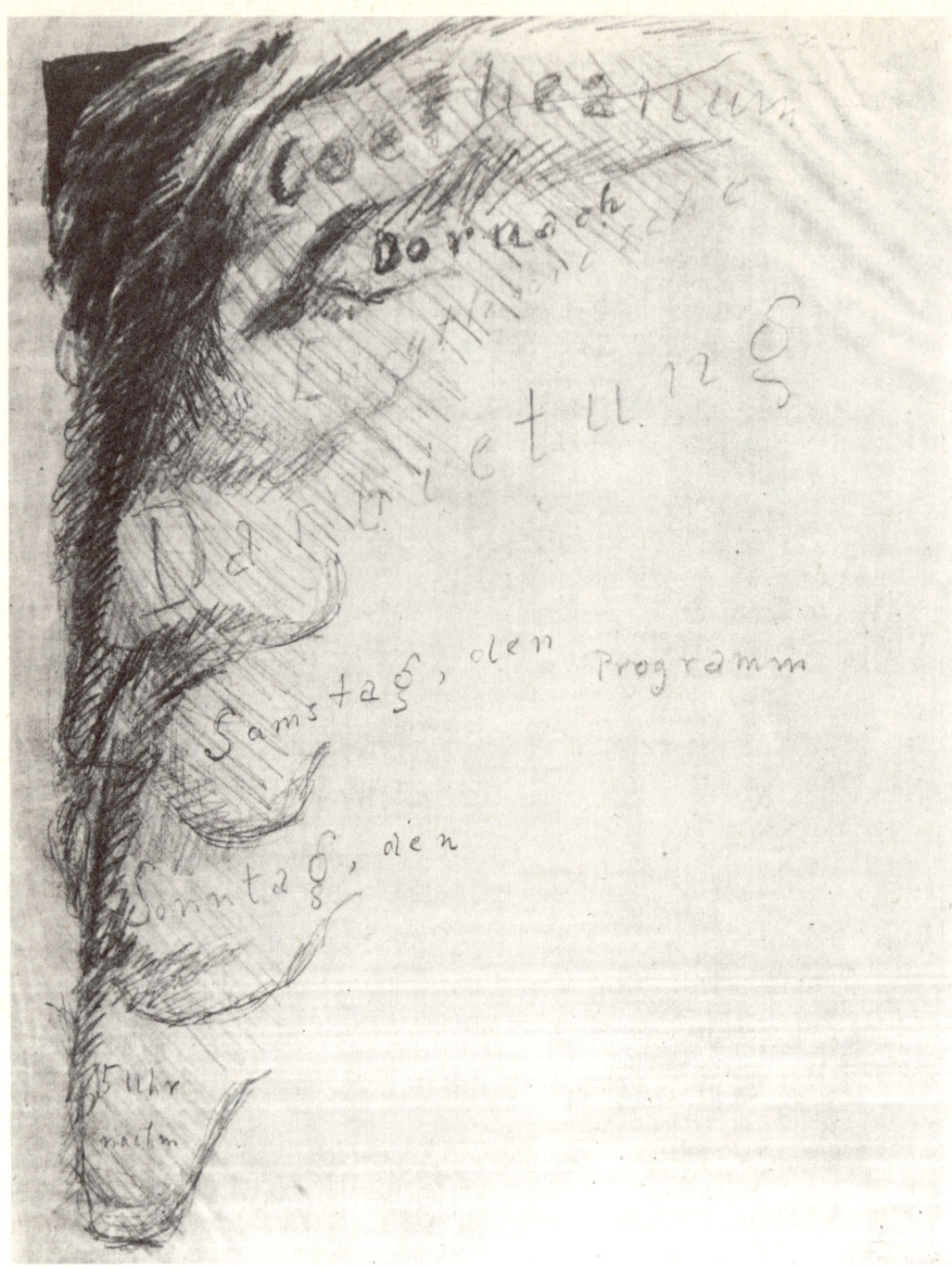

Entwurf zu einem Eurythmie-Programm
Original von Rudolf Steiner, verkleinert

Die Bewegung dieser Zeichnung bestimmt die Richtung der Wörter und Textzeilen: ein schwingendes Geschehen im Helldunkel, in sich überlagernden Schichten auf- und absteigend, schon an Farbigkeit heranführend, ein unmittelbares Spiel sich ablösender und durchscheinender Formbildungen. Dieser Entwurf steht im Zusammenhang mit den Eurythmieprogrammen, die in großem Format als leuchtend farbige Malereien neben der Bühne hingen.

Titel auf der Beilage zu der Wochenschrift «Das Goetheanum» 1921
Original von Rudolf Steiner, verkleinert

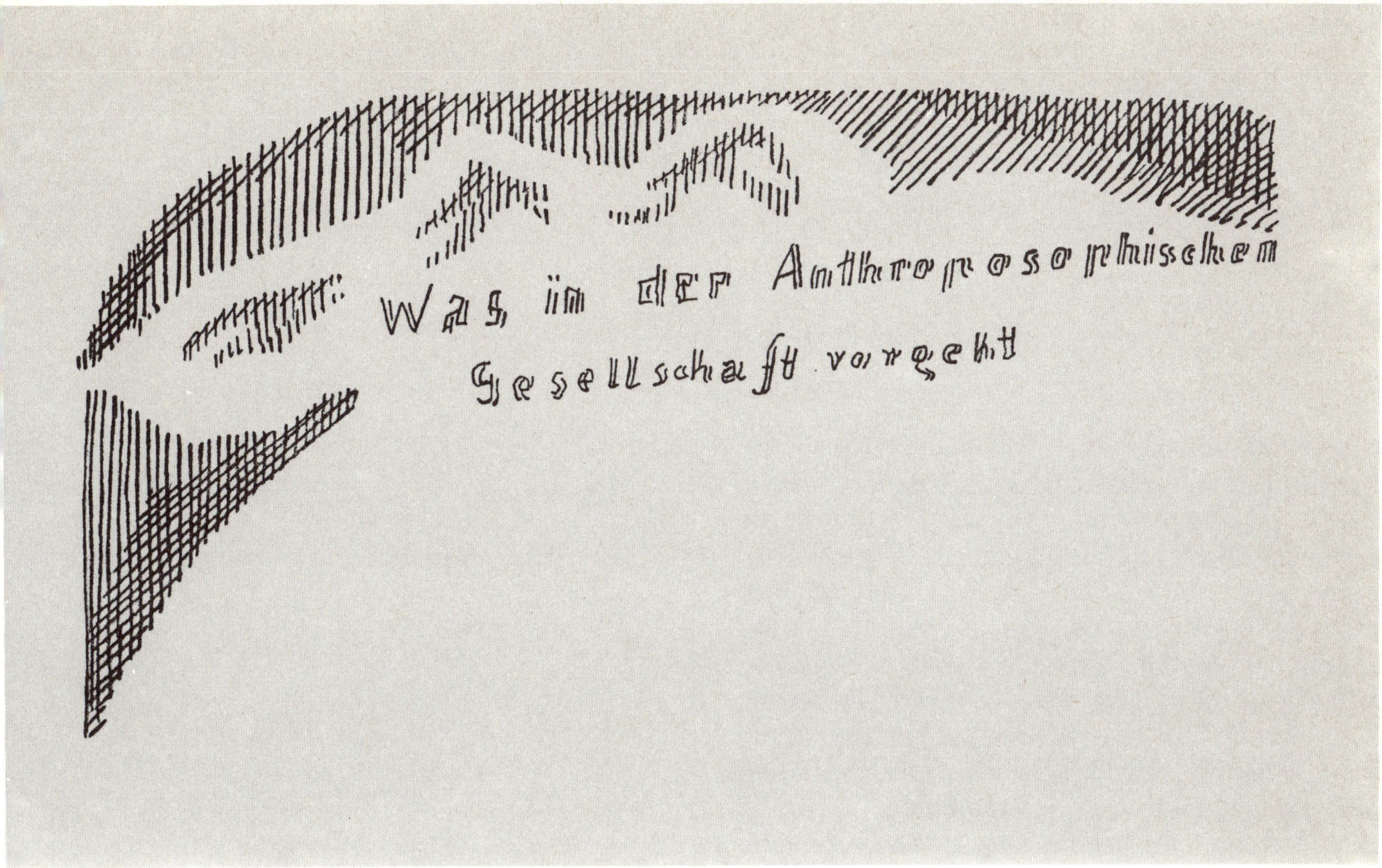

Was in der Anthroposophischen

Gesellschaft vorgeht

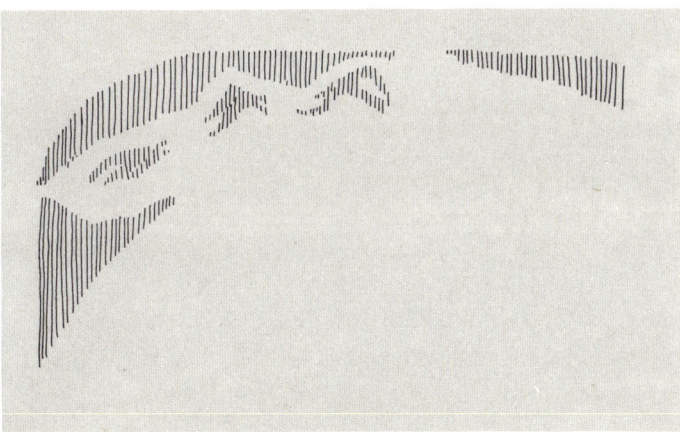

In dieser Zeichnung bildet eine senkrecht schraffierte dreigegliederte Flächenbewegung den lichten Rahmen über dem Text. Wieder sind es große Formen, welche die kleineren, lebhafter ausgeprägten begleiten. Der Bewegungsimpuls ist auf der linken Seite zu spüren, doch mildert sich seine Kraft zur rechten Seite hin ab, die Form neigt sich und wird breiter zum Rand. – Betrachtet man die zweite Schraffur in schräger Strichführung, so sieht man, daß sie durch Verdichtungen Verstärkungen bewirkt: links unten die Kraft des Aufstiegs und oben über die Mitte hin den begrenzenden Abschluß. Rechts breitet sie sich aus und bringt durch größere Entfaltung die Bildung zur Ruhe. Die drei kleinen Akzente erhalten nach oben eine Verdichtung, was ihnen Aufstrebekraft verleiht. Die Schrift ist durch die doppelte Strichführung hell und durchscheinend geworden. Eine Helligkeit aus der Mitte des Blattes hat das Gestaltete durchlichtet.

Einbeziehung illustrativer und malerischer Bildelemente

Neben der reinen Linien- und Flächenkunst finden wir bei Rudolf Steiner in jeder Schaffensepoche eine Fülle von Zeichnungen und Entwürfen, die gegenständliche Darstellungen einbeziehen. Schon aus dem Zeichen des Pentagramms wird das Bild eines Sternes, das in dem Betrachter wohlbekannte Erinnerungen erweckt. Erweitern sich diese Bilder zu reicheren Motiven, werden sie doch immer künstlerisch hineinkomponiert in die beschriebenen Gesetze der Fläche; sie bleiben in Beziehung zu Schrift und Buchformat.
Die gezeichnete Linie charakterisiert menschliche Physiognomien, engelhafte und dämonische Wesen, sie verbindet die Gestalten durch selbständige Formenzüge. Aus dem Linienspiel verdichten und entfalten sich Gestalten, aus der Bewegung wird die Form.

Durch die Aufgabe, Plastisches und Räumliches in einer Zeichnung wiederzugeben, fand Rudolf Steiner, wie Assja Turgenieff[1] beschreibt, eine Schraffur-Technik, in welcher durch die einheitliche Strichführung von rechts oben nach links unten die Licht- und Schattenwirkungen besonders zur Geltung kommen.

[1] A. Turgenieff: Die Goetheanum-Fenster-Motive, Dornach 1935.

Entwurf für Rudolf Steiner «Anthroposophischer Seelenkalender», 1925

In lockerer Fügung verschiedenartiger Flächen überzieht das Motiv den oberen Bildraum. Vier differenzierte, einer Bewegungsrichtung sich einordnende Formen bilden mit einer einheitlichen, aufnehmenden und tragenden einen rhythmisch gegliederten Innenraum. Sterne, zu Gruppen gefügt, erfüllen diesen. Während die drei Sterne links die Tendenz nach unten haben, sind die drei anderen Gruppen in die Richtung der Gesamtform einbezogen und stark bewegt. Man kann empfinden, als ob in dem Innenraum der Seele die Sternenordnung des Jahres aufglänzte, der die Sprüche folgen. Neben den kontrastreichen Formen scharf gezeichneter Sterne, aus Pentagrammen gebildet, stehen umhüllend weich fließende Flächen. Viermal drei Sterne umströmt von einer fünfgegliederten Gesamtform.

 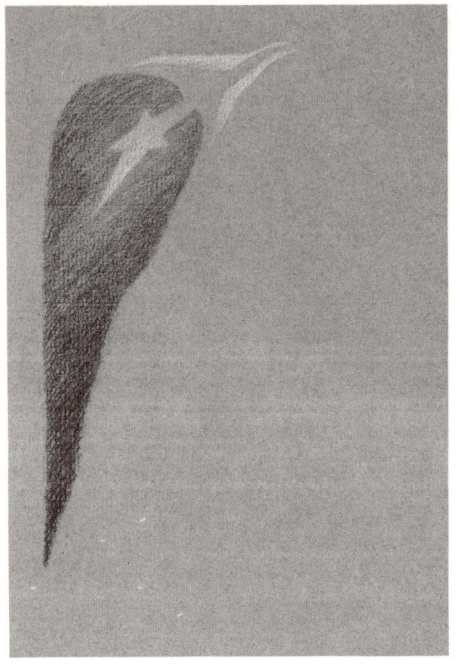 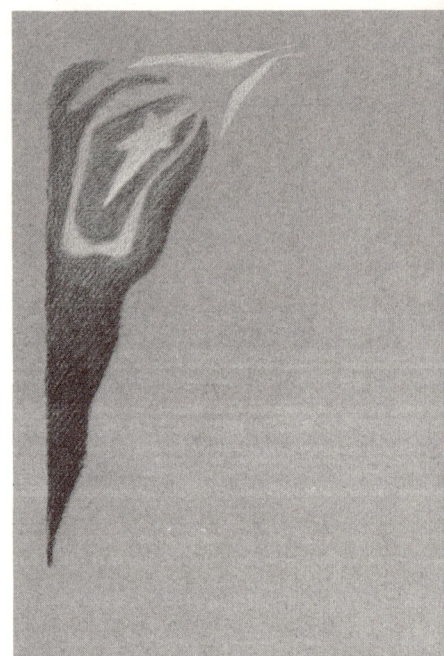

Dem ungegliedert, aber in sanfter Bewegung aufsteigenden Blau steht als Polarität die Strahlkraft des Gelb gegenüber. Während das Blau und das Gelb, das Wässrige und das Lichthafte, sich mischend das Grün der pflanzlich weichen Bildungen erzeugen, entsteht innerhalb des Grün als reiner Ausdruck der Lichtkräfte durch Aussparung das lichte Sterngebilde. Ein Urbild des Farbgeschehens ist bis in die Form hinein zum Ausdruck gebracht.

Titelzeichnung zu Günther Wachsmuth
«Die ätherischen Bildekräfte in Kosmos,
Erde und Mensch», 1924

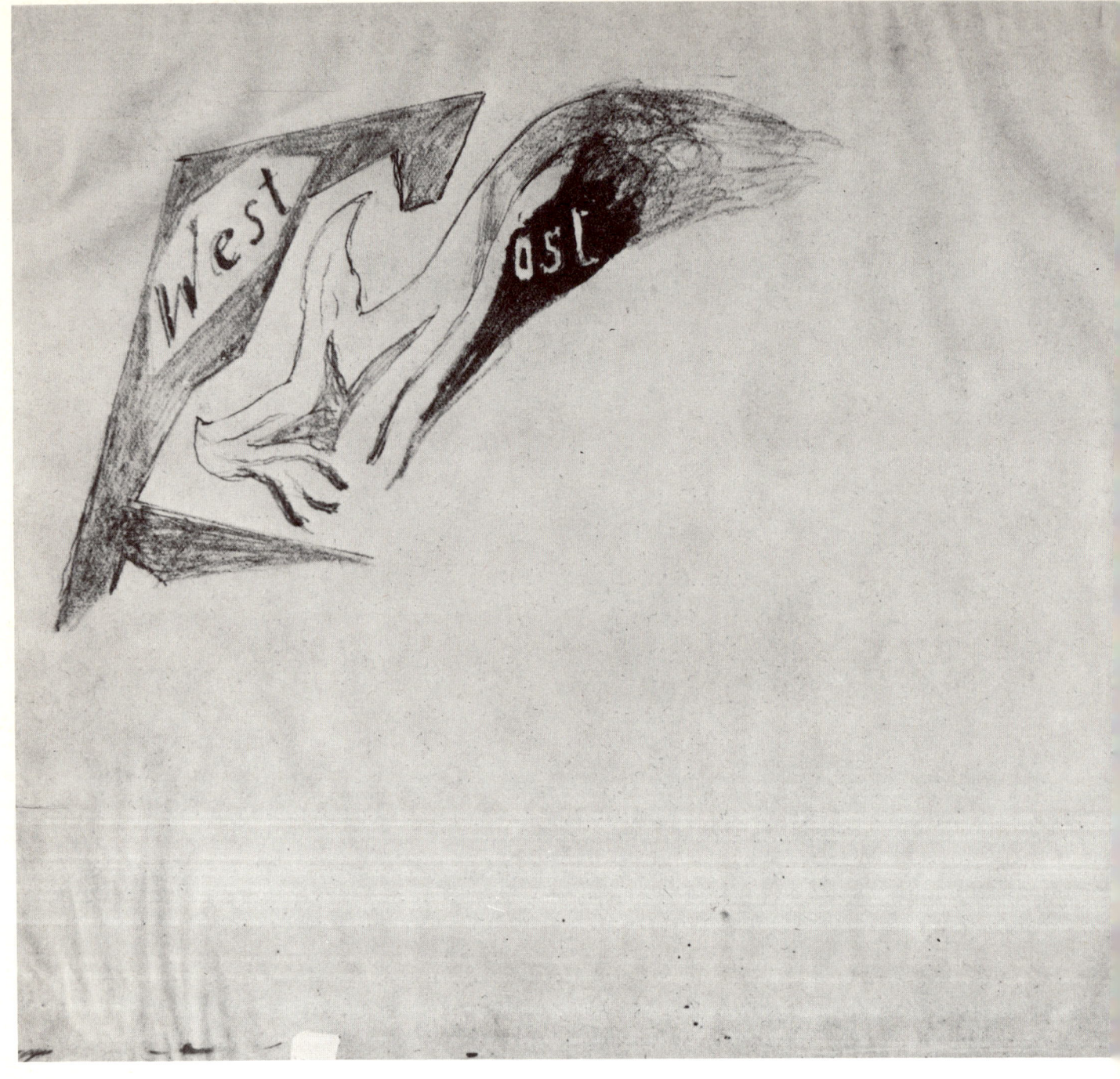

Entwurf für die Eintrittskarte
des West-Ost-Kongresses in Wien 1922
Original von Rudolf Steiner, verkleinert

Zwei sich polare Formelemente sind zu einer Bildkomposition vereinigt, eine scharfkantige, streng gewinkelte, erstarrte Form links und eine auflohende, sich auflösende rechts. In der Mitte erbildet sich eine keimhafte Dreiheit, die auf der einen Seite sich der «westlichen» Form eingliedert, nach «Osten» hin aber aufflammt. Links erscheint das Wort West vor der größten Helligkeit wie in einem Fenster, rechts das Wort Ost, ausgespart in der größten Verdichtung, wie in einer Wolke.

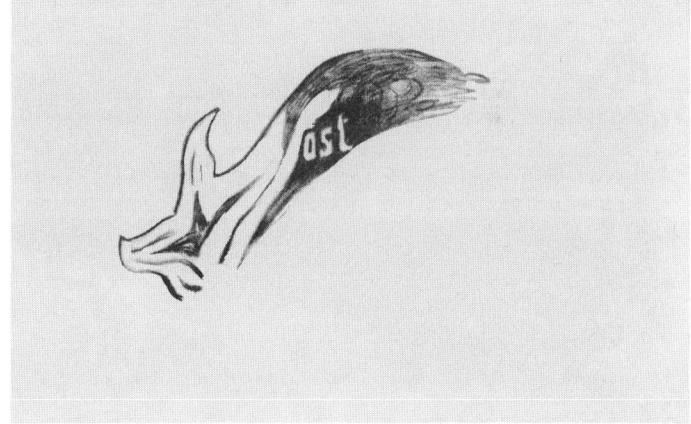

n der Druckausführung war die eckige, rstarrte Form grau, die bewegte in hellem Zinnoberrot. Weltgegensätze von Westen und Osten wurden bis in Form und Farbe hinein sichtbar.

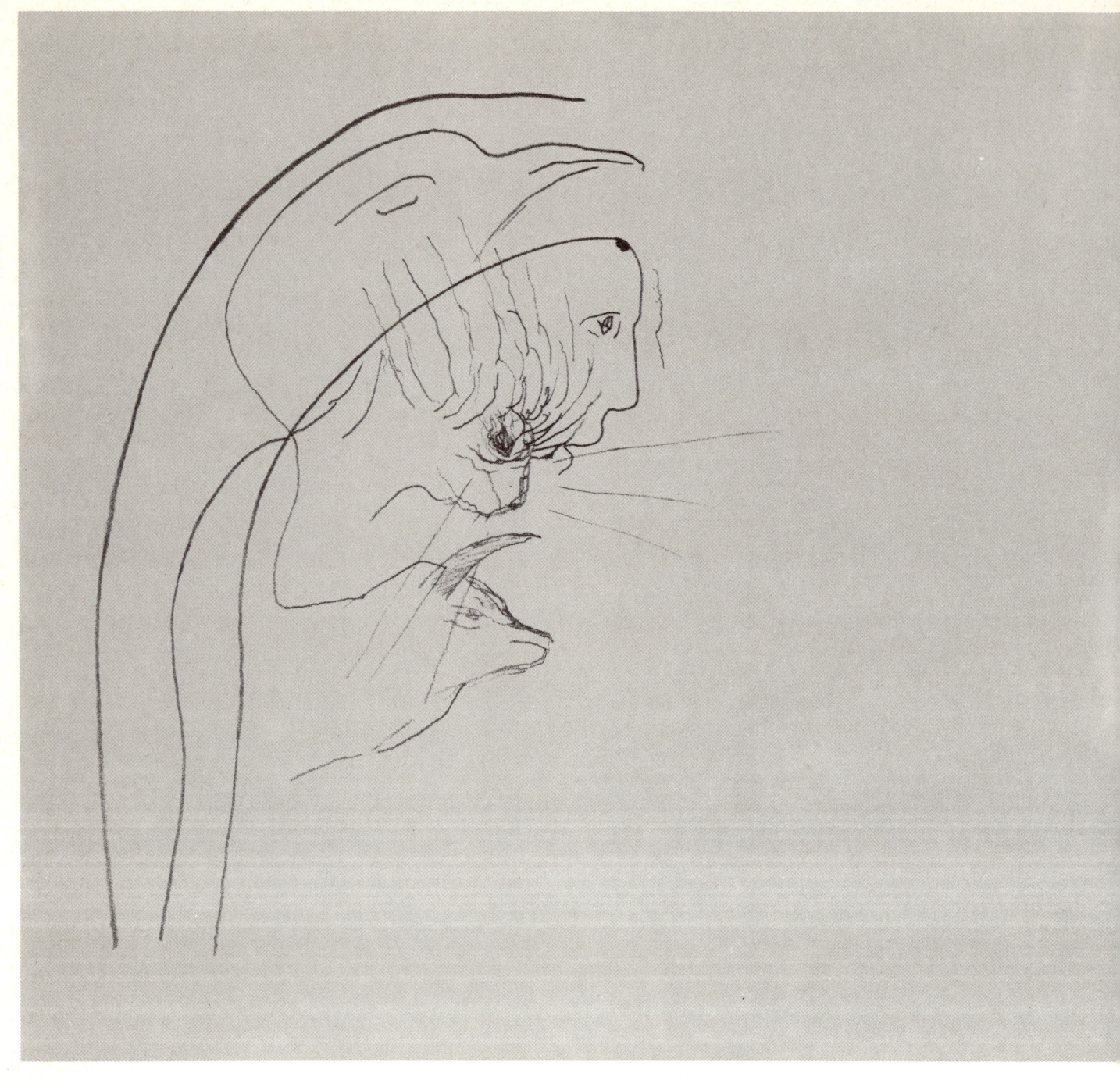

Entwurf für den Kopf der Zweiwochen-
schrift «Anthroposophie, Österreichischer
Bote von Menschengeist zu Menschen-
geist», 1922
Original von Rudolf Steiner, verkleinert

In eine nach rechts geöffnete Bildfläche ist
ein Liniengefüge hineingezeichnet, das die
Häupter von Adler, Mensch, Löwe und
Stier umreißt.

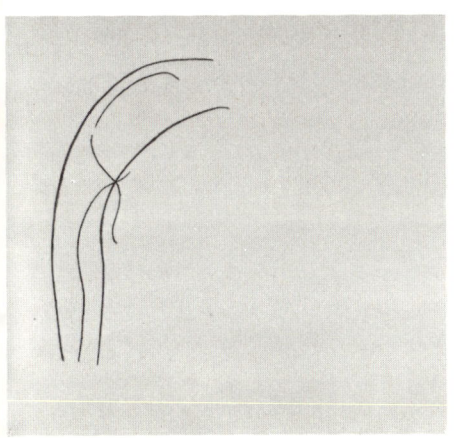

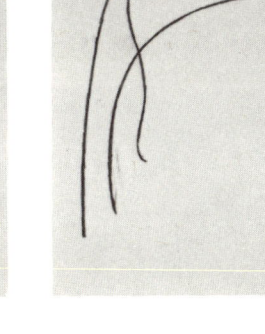

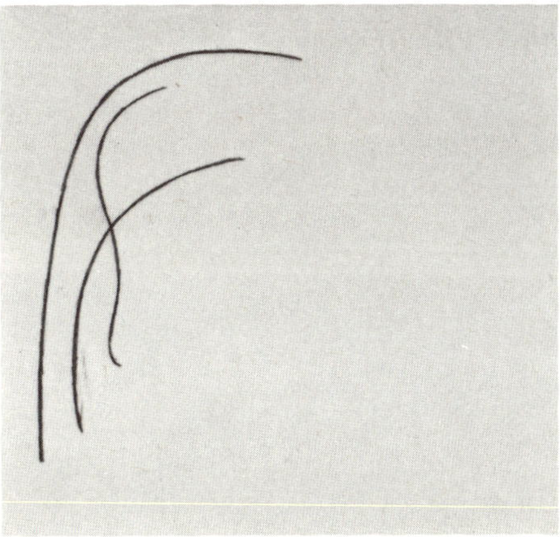

Aufschlußreich ist die Verwandlung der Skizze in die Druckvorlage, bei der das Mittel der flächigen Linie stark eingesetzt wird. Durch charakteristische Zeichen sind die Bildungen von Augen, Mähne und Gehörn angedeutet. Durch Verstärkung der Kontur an gewissen Stellen und durch weiche Abschattungen ist der Ausdruck inten-

siviert, ohne daß die Formen in plastisch räumliche Gestaltungen übergehen.

Rudolf Steiner hat in der Reihe der Schulungsskizzen für Henni Geck 1922 eine Pastellskizze entworfen, die einen ähnlichen Aufbau zeigt. Der Vogel ist blau, das Menschenantlitz pfirsichblüt, der Löwe hellrot und der Stier grün gemalt. Ergänzt ist diese Komposition durch ein großes, alles umfassendes Engelsantlitz.

 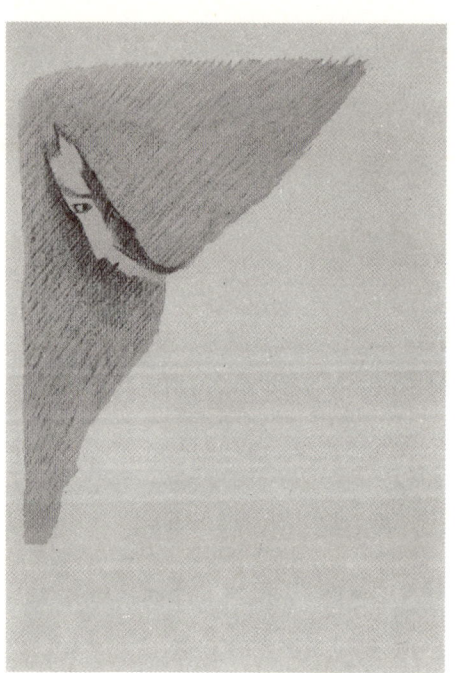

Die Analyse dieses Einbandentwurfes zeigt, wie ein von oben rechts einstrahlendes Licht und ein von unten links sich erhebendes Dunkel sich begegnen. Die Helligkeit schattet sich ab zu zwei in die Tiefe blikkenden Antlitzen, das emporschauende dunkle Antlitz hellt sich in einem zweiten auf. In der Mitte erscheint, gleichsam von dem mächtigen Lichte abgesandt, ein energisches helles Profil, dem sich auf der Rückseite ein mondsichelhaftes dunkles, einen Januskopf bildend, anfügt.

Das Obere und das Untere erblicken und durchdringen sich, nicht in einer willenhaft geführten Bewegung, sondern als Helldunkel-Qualitäten, die Ausdruck geistiger Wesenhaftigkeit sind.

Bis in die Ausbildung der Augenpartien ist die starke Polarität dieser Komposition wirksam: Die einen schauen mit dunklen, die anderen mit hellen Augen auf ihr Gegenüber.

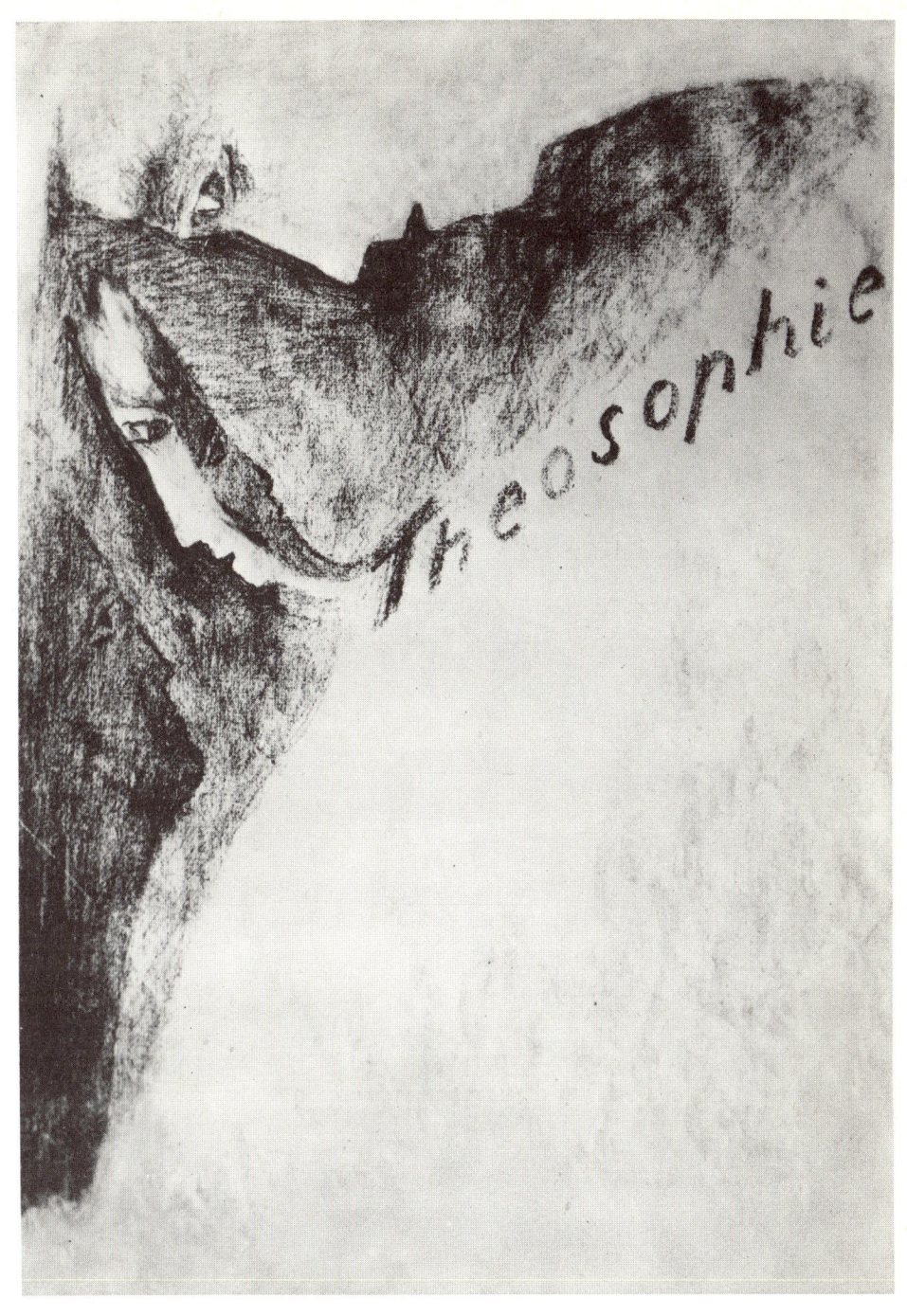

Entwurf zu Rudolf Steiner, «Theosophie»,
Einführung in übersinnliche Welterkenntnis
und Menschenbestimmung
Original von Rudolf Steiner, verkleinert

Vorstudie zu «Vril»
Original von Rudolf Steiner, verkleinert

Die Skizze mit illustrativem Charakter setzt drei Richtungen zueinander in Beziehung. Von links oben blickt ein ernstsinnendes Antlitz gegen ein mächtigeres, lichtes, das aus einem Strahlenhintergrund erscheint. Von unten hebt sich aus der Dunkelheit ein Kopf mit fliehender Stirn und hornartigem Kinn. Aus der stärksten Verdichtung ragt eine helle Sichelform, das Bildgeschehen links abgrenzend, nach oben.

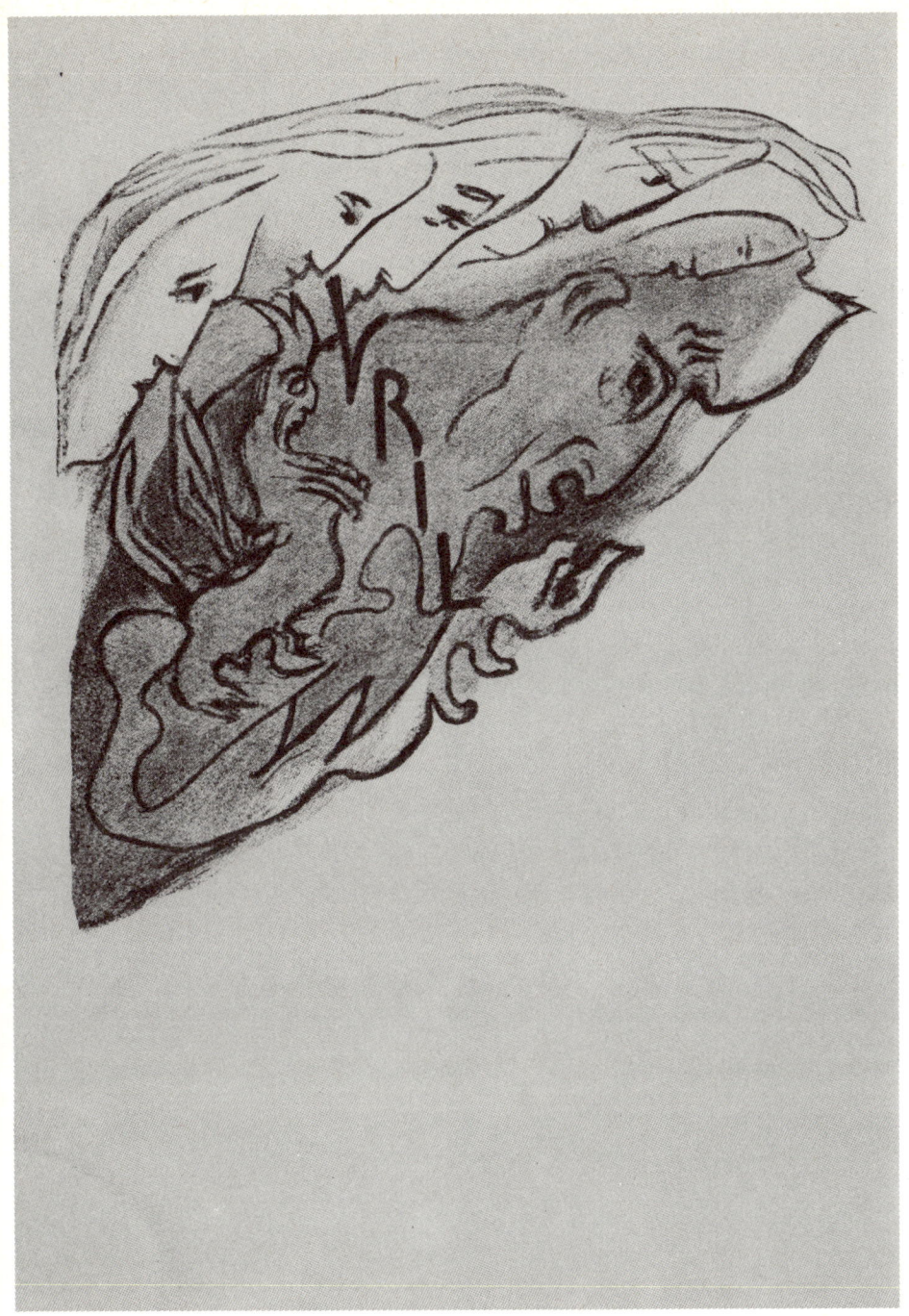

Titelzeichnung zu Bulwer-Lytton, «Vril oder eine Menschheit der Zukunft», 1922

Eine Steigerung des dramatischen Bildgeschehens bringt dieses Zeichen.

Das für den Buchtitel gestaltete Motiv nimmt nahezu die Hälfte der Grundfläche ein; es erbildet sich aus lockeren Linien auf differenziertem Grau, das in der Schrift zum tiefsten Schwarz verdichtet wird.

Ein Kranz von fünf lichten Häuptern neigt sich aus einer locker abgegrenzten Region nach unten über einen dunkleren Plan. Auf ihm bäumt sich ein gehörnter und geflügelter Kentaure über einem Drachen auf. Aus der Dunkelfläche gestaltet eine tiefeingekerbte Linie das Profil eines schmerzverzerrten ahrimanischen Antlitzes. Zwischen diesem und dem Kentauren schneiden von oben nach unten runenartige Buchstaben das Wort «Vril» ein.

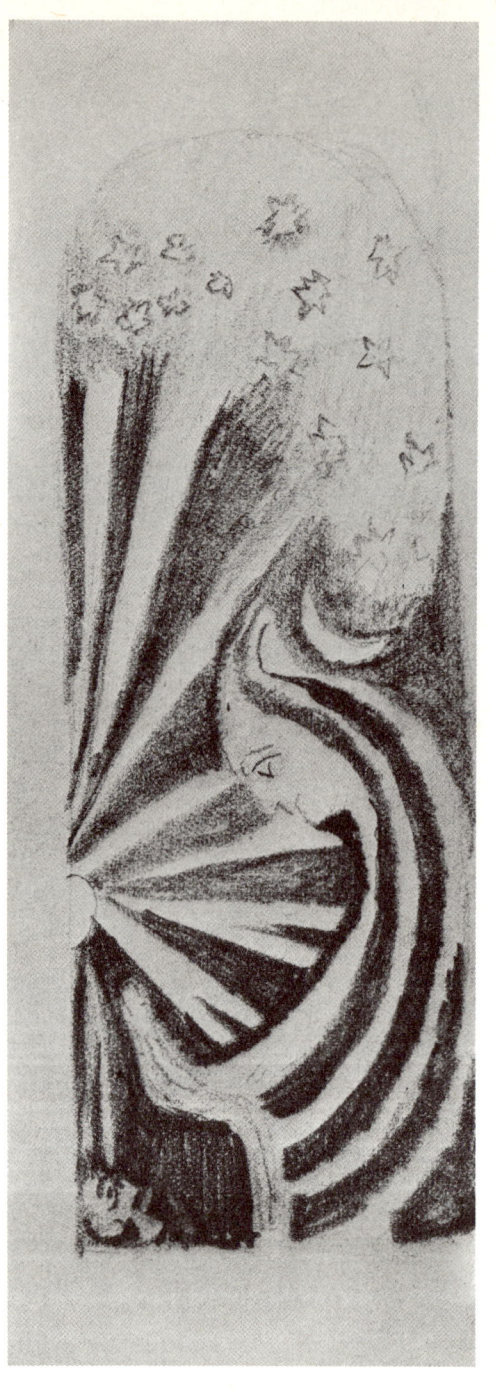

Entwurf für den Glasschliff der Fenster des ersten Goetheanum in Dornach 1913 (Südseite, Rosa Fenster) Original von Rudolf Steiner, verkleinert

Nach solchen Entwürfen sind für das erste und auch das zweite Goetheanum Glasradierungen ausgeführt worden; dabei wurden aus den dicken, farbigen Glasplatten die Formen herausgeschliffen. Diese Technik entwickelte sich erst zu Beginn dieses Jahrhunderts, da vorher weder die großen Glasplatten noch die biegsame Welle für den Glasschliff zur Verfügung standen. Rudolf Steiner gebrauchte erstmals dieses Verfahren und schuf dafür Entwürfe, deren flächenhafte Helldunkel-Kompositionen eine innere Beziehung zu seiner Buchkunst haben.

Gestaltung von Vignetten

Die Vignette, ursprünglich ein schmückendes Weinrankenmotiv, hat in der Buchkunst, vor allem in der Graphik des Jugendstiles, mannigfache Ausgestaltungen gefunden.

Rudolf Steiner entwickelte das Schmuckmotiv zu einem künstlerischen Zeichen, das gewissermaßen den Ideengang einer Schrift ins Sichtbare verdichtet. Er hat wenige Vignetten gezeichnet, doch geht von deren vielfältiger Gestaltung eine lebendige künstlerische Anregung aus. Die graphischen Techniken sind vielseitig eingesetzt.

Die Vignetten sind von der Grundfläche unabhängige Bildungen, die im allgemeinen in der Mitte des Blattes, unter dem letzten Abschnitt des Textes erscheinen.

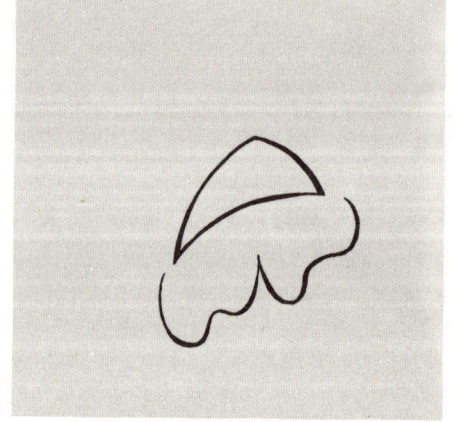

Schlußvignette unter dem Aufsatz Rudolf Steiners «Internationale Wirtschaft und dreigliedriger Organismus», 1919

Ein Dreieck mit gewölbten Seiten bewirkt, daß in der umlaufenden Linie nach oben, entsprechend den konvexen Dreieckseiten, kräftige Ausbuchtungen entstehen, während die konkav eingezogene Basis die Umgrenzungslinie zu sich heranzieht.

Ein Beispiel für eine Gestaltung, in welcher der gegenseitige lebendige Kräftebezug von Zentrum und Peripheri, von aktiven und passiven Tendenzen anschaubar wird.

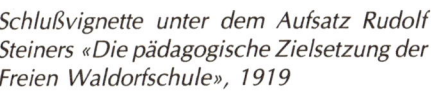

Eine komplizierte, kristallin anmutende Form, deren Kraftzentrum in dem kleinen Dreieck in der Mitte liegt. Obwohl man zunächst nur schraffierte Flächen sieht, zeigt sich der näheren Betrachtung, daß diese Flächen aus einem freien Linienspiel um das Dreieck entstanden sind, das zugleich eine untere abschließende und eine

obere deckende Form erzeugt. Der von den schraffierten Flächen ausgesparte Innenraum verleiht diesem Zeichen eine starke Aussagekraft.

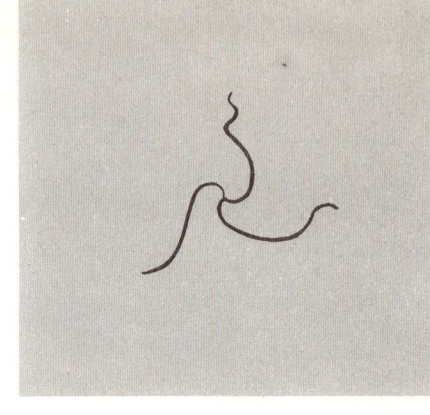

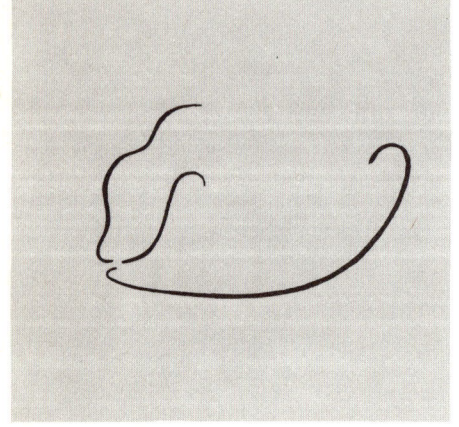

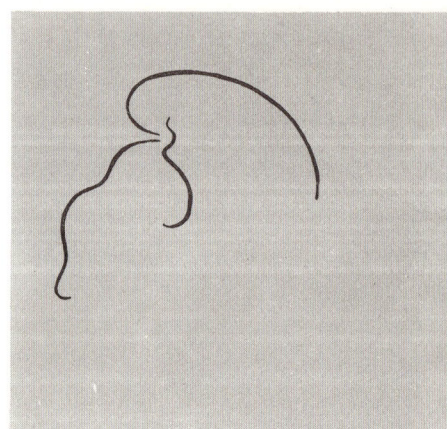

Schlußvignette unter dem Aufsatz Rudolf Steiners «Geistesleben, Rechtsordnung, Wirtschaft», 1919

Die Analyse dieses Zeichens ergibt, daß drei von einem Zentrum ausgehende schwingende Linien – gleichsam eine Verlebendigung des alten Trinakia-Zeichens – an der Peripherie drei verschiedene Ansätze von neuen offenen Liniendreiheiten bilden. Links springt die Bewegung in zwei parallel ansetzende Linien über, rechts setzen die drei Linien in gemeinsamer Richtung an, oben empfängt eine schalenartige Bildung zwei in sie sich einsenkende Linien. Die umrissenen Flächen erhalten durch die verschiedenen Strichlagen der Schraffur bestimmte, nicht austauschbare Qualitäten.

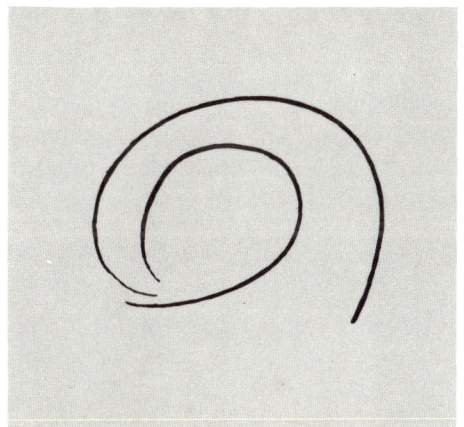 

Schlußvignette zu dem Aufsatz Rudolf Steiners «Das Goetheanum und die Stimme der Gegenwart», 1919

Auch bei den Vignetten taucht das Motiv des Wirbels in neuer Gestaltung auf. Wieder sind es die Linien, die den Duktus der Bewegung bestimmen. In dem Innenraum einer von unten aufsteigenden, sich fast schließenden Spiralform wird eine kleine komplementäre sichtbar. Die gleiche Strichlage der Schraffur bindet die Linien zu bewegten Flächen.

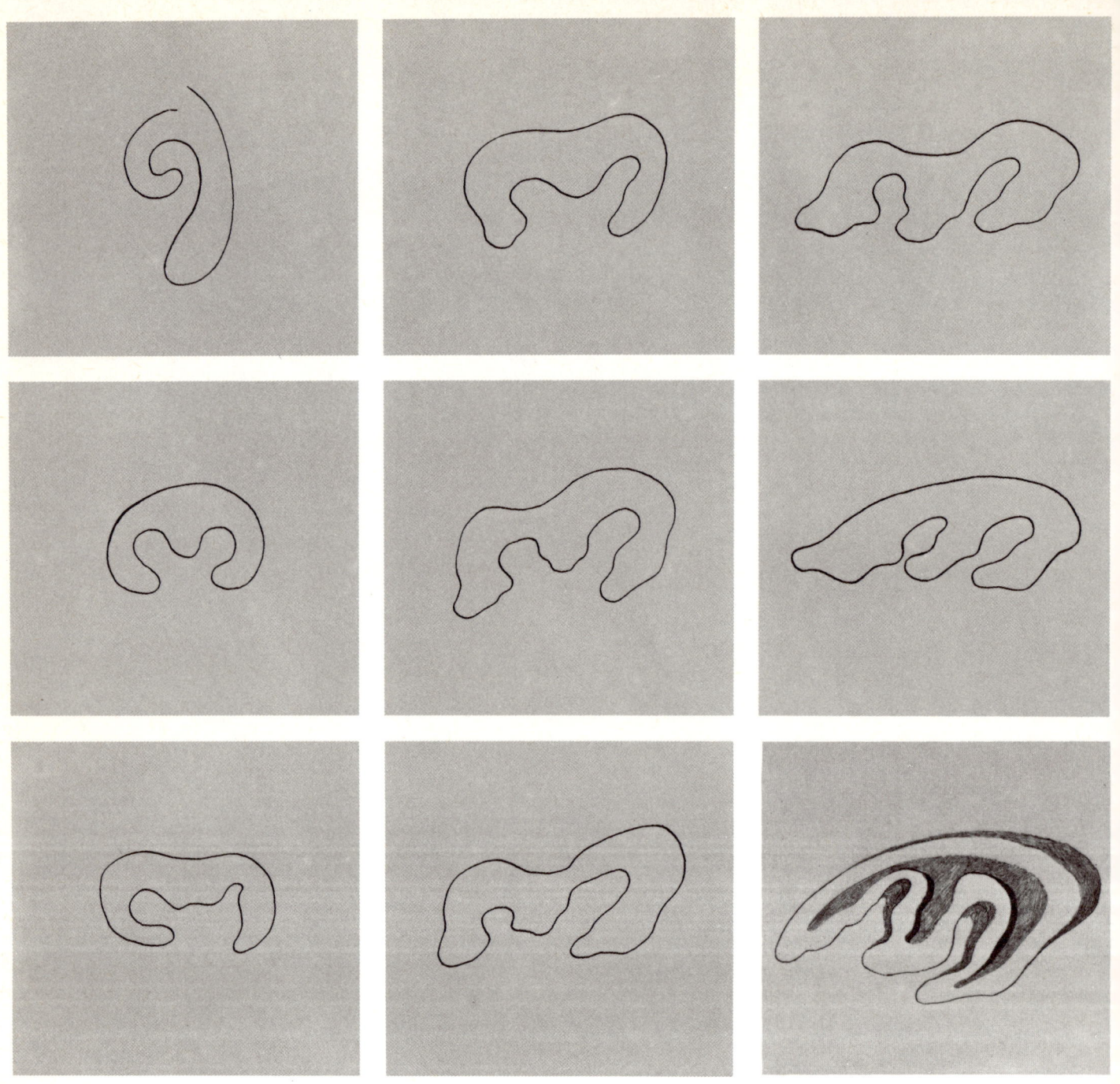

Acht aus einer Metamorphose entwickelte
Formbildungen 1919

a. Ein einfacher Bewegungsimpuls bildet
   eine wirbelartige Einstülpung.
b. Es entspringt eine ausgewogene, von einem einfachen Bogen überwölbte Form,
welche durch von unten eindringende
Kräfte zu einer dreifachen Ausstülpung
veranlaßt wird.
c. Der obere Bogen senkt sich ein, was
   bewirkt, daß die beiden seitlichen Formen unten sich verlängern, die mittlere
   sich differenziert.
d. In das vertikale Kräftespiel dringt eine
nach rechts aufsteigende Bewegung ein,
die die einzelnen Formen zu aktiverer
Ausprägung bringt.
e.–h. Die drei unteren Formelemente werden sensibler gegliedert, während die
   obere Kontur sich vereinfacht und von
   einer deutlichen Spannung nach rechts
   gestrafft wird.

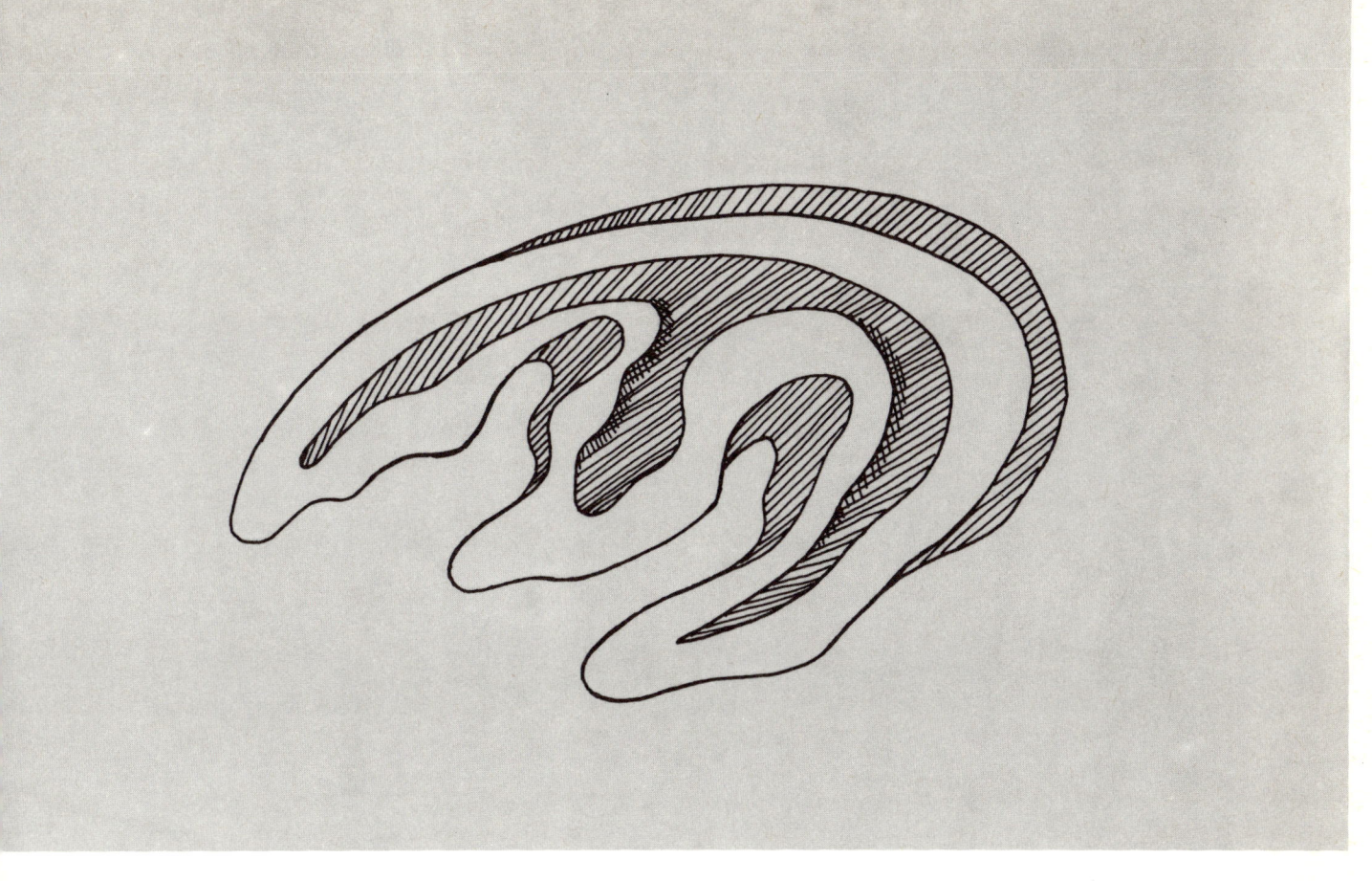

Das Zeichen, das sich aus verschiedenen Entwicklungsstadien ergeben hat, gewinnt an Volumen. Durch weitere Linienführungen wird der Innenraum gegliedert und durch Schraffuren zu Flächen gebildet. Weitere Flächenführungen verstärken den Umriß. Die daraus entstehende Verdichtung erweckt fast den Eindruck eines kör-

perhaften Gebildes, was aber nicht beabsichtigt ist. Denn die Art, wie die Schraffur die Fläche akzentuiert, zeigt, daß die Gesamtform im flächenhaften Bereich bleiben will.

Verlagszeichen für «Der Kommende Tag», 1919

Schlußvignette zu dem Aufsatz von Rudolf Steiner «Dreigliederung und soziales Vertrauen», 1919

Wie im Krebszeichen begegnen sich zwei Strömungen in einem Wirbel, ohne sich zu berühren. Von oben senkt sich ein breiter Strom aus der Vergangenheit herein, von dem nur das Ende sichtbar wird. Er tritt durch fünf Linien in Erscheinung, deren Bewegung leichte Schraffuren folgen. Sie enden in einer Spitze, von der gleichsam der Funke überspringt zu der neuentstehenden Strömung, die sich in intensivem Bogen nach unten wendet, aus der Sichtbarkeit entschwindend, doch den umgebenden Raum erfüllend.

Vom Symbol
zum Firmenzeichen

Wie umfassend Rudolf Steiner den künstlerischen Gestaltungsimpuls zu verwirklichen suchte, wie eingreifend und bis in die Details stilvoll geformt er das ausführte, zeigt sich in den vielseitigen Entwürfen, die er im Zusammenhang mit der erneuerten Heilkunst und den dafür geschaffenen Einrichtungen gab.

Die geistige Gesinnung sollte sich auch in der äußeren Form zeigen. So konnte es sich nicht um eine Verzierung oder Dekoration handeln, um Mode und zeitbezogene Ausschmückung, sondern um eine künstlerische, dem inneren Anliegen adäquate Formung und Hülle. Ein Motiv, das für Verpackung, Plakat und Werbeschriften Verwendung finden soll, gestaltet sich flächig, markant und einprägsam.

Die aufgerichtete Schlange, einfach oder gedoppelt, mit oder ohne Stab ist ein uraltes Symbol, das sich schon in Sumer und in den bretonischen Megalithgräbern findet. Die Schlange galt als Symbol der Erdenweisheit, der Klugheit, die Gutes und Böses wirken kann. Um den Ich-Stab aufgerichtet, wurde ihr Wissen, ihre Kenntnis der Erdenstoffe und -kräfte zu Heilerwissen. Von Äskulap, dem Sohn des reinigenden und heilenden Apoll, hieß es, daß er zuerst in Schlangengestalt erschienen sei. Später wurde er mit einer Schlange oder mit dem Schlangenstab dargestellt. Das Alte Testament erzählt, daß die von feurigen Schlangen gebissenen Israeliten Heilung fanden, als Moses die Eherne Schlange am T-Kreuz erhöhte.

Schon auf dem Opferbecher des sumerischen Herrschers Gudea (um 2000 v. Chr.) sehen wir den noch tierähnlich gestalteten, geflügelten Heilgott Ningizzida mit dem Stab und der aufgerichteten Schlange dargestellt. Der Schlangenstab wurde zum Zeichen der Ärzte und Apotheker.
Rudolf Steiner hat dieses durch die Jahrtausende gültige Symbol durch künstlerische Mittel für die Gegenwart erschlossen und neu erlebbar gemacht. Er hat für die von ihm inaugurierte neue Heilkunst und Pharmazie den Schlangenstab vielfach metamorphosiert und den Verwendungszwecken, z. B. auf dem Einband eines medizinischen Buches bis zu dem Siegel auf dem Verschluß einer Heilmittelverpackung, angepaßt. Seitdem sind diese Motive überall aufgegriffen worden, wo im weitesten Sinne therapeutische Impulse wirken.

Äskulap-Zeichen auf der Flasche der Futurum AG, Chemisch-pharmazeutisches Laboratorium, Arlesheim, Schweiz 1921.

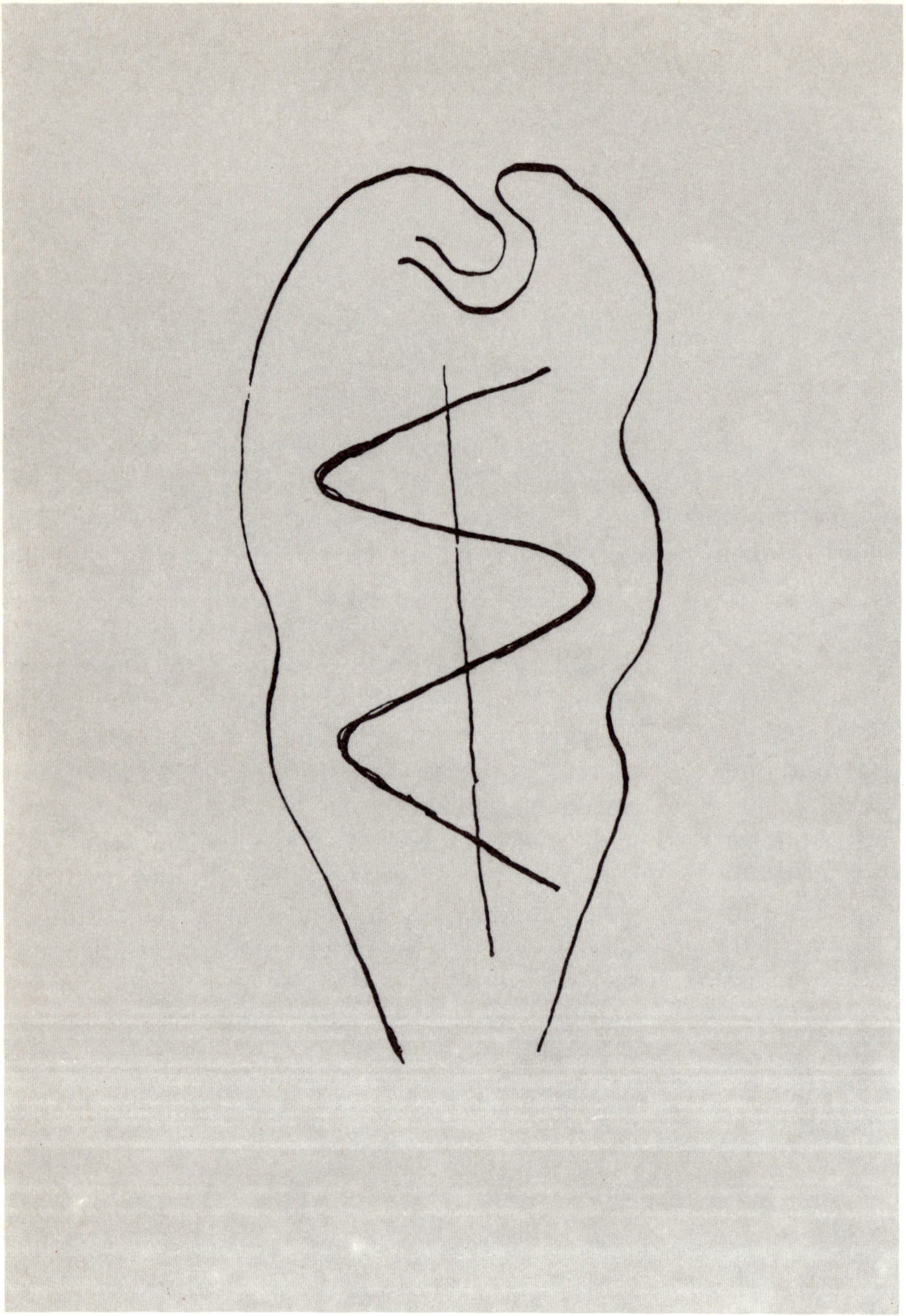

Entwurf für das Klinisch-Therapeutische Institut von Dr. Palmer in Stuttgart, 1921 Zeichnung von Rudolf Steiner, verkleinert. Jetzt Firmenzeichen der Weleda AG, Heilmittelbetriebe, Arlesheim, Schweiz, und Schwäbisch-Gmünd.

Vier zartgeführte Linien bilden das weiträumige, aufgerichtete Zeichen. Um eine Gerade steigt, energisch ausschwingend, die Schlangenlinie auf. Ihre Bewegung wird seitlich begleitet von zwei Linien, die in ihren Rhythmus einschwingen. Aus ihrer Begegnung oben entsteht ein Neues: Die linke Linie sinkt gleichsam in sich zusammen; sie wird von der rechten in einer helfenden, tragenden Gebärde aufgefangen. In dieser kann nicht nur ein allgemeines Verhältnis zwischen zwei Menschen, sondern auch das des Heilers zum Kranken empfunden werden. Zwischen ihnen wirkt der Schlangenstab tragend und stützend, während der Lebensaustausch durch die zwischen ihnen schwingende Schlangenlinie anschaubar wird.

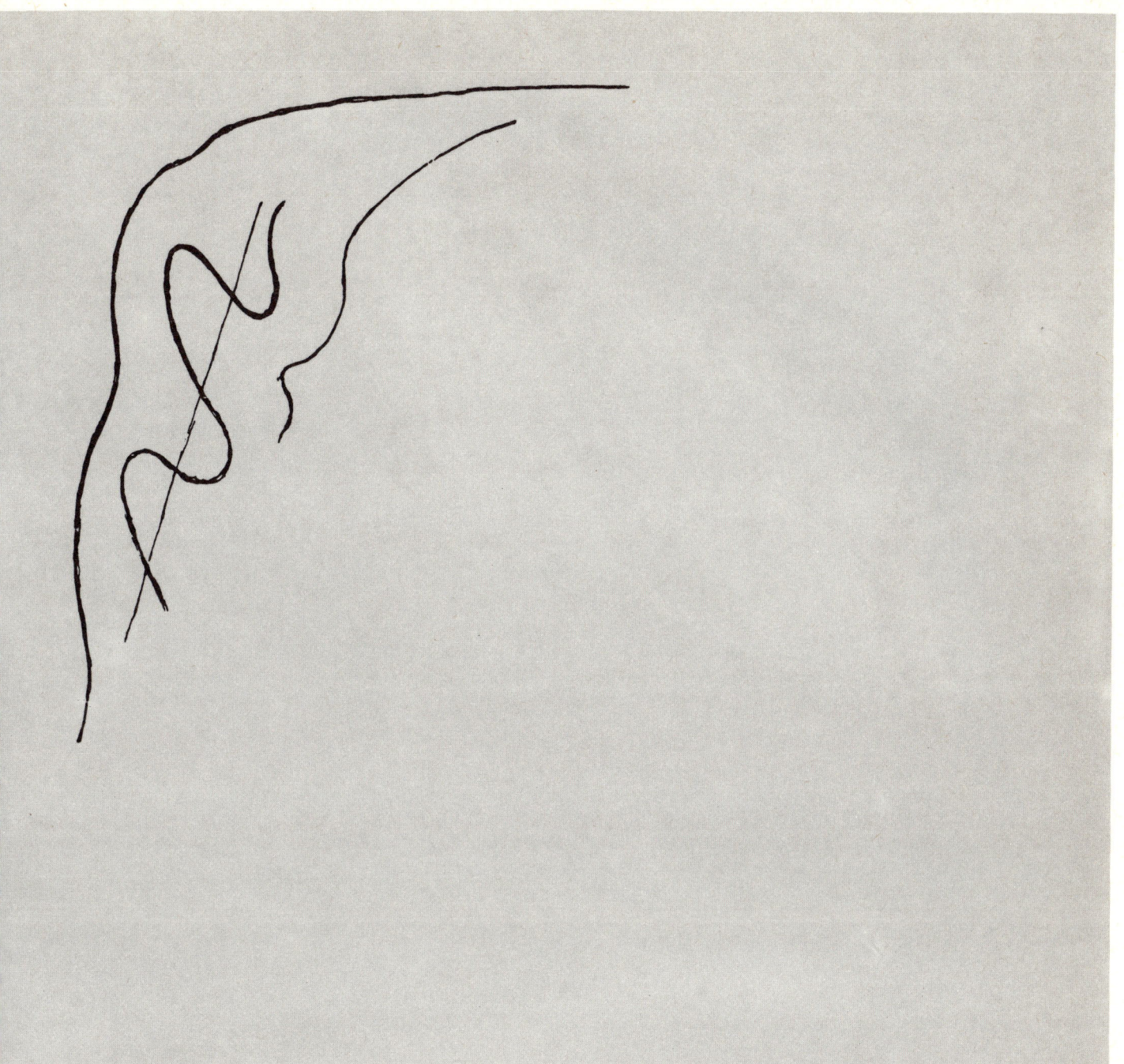

Briefkopf für das Klinisch-Therapeutische Institut von Dr. Palmer in Stuttgart, 1921 Zeichnung von Rudolf Steiner, verkleinert. Jetzt Titelzeichen der Weleda-Nachrichten.

Für den Briefkopf ist dieses Motiv abgewandelt; es fügt sich, seiner Funktion entsprechend, in die Begrenzung ein. Die schräge Richtung des Stabes intoniert den Bewegungsimpuls, dem entsprechend die Form sich nicht abschließt, sondern offen bleibt. Das innere Motiv ist aus der Gleichmäßigkeit in eine neue Dynamik hineingesteigert und nimmt die Beziehung zu den aus der Diagonale wirkenden Kräften auf. Die Ausgeglichenheit der umhüllenden Linien wird zugunsten der Funktion geopfert.

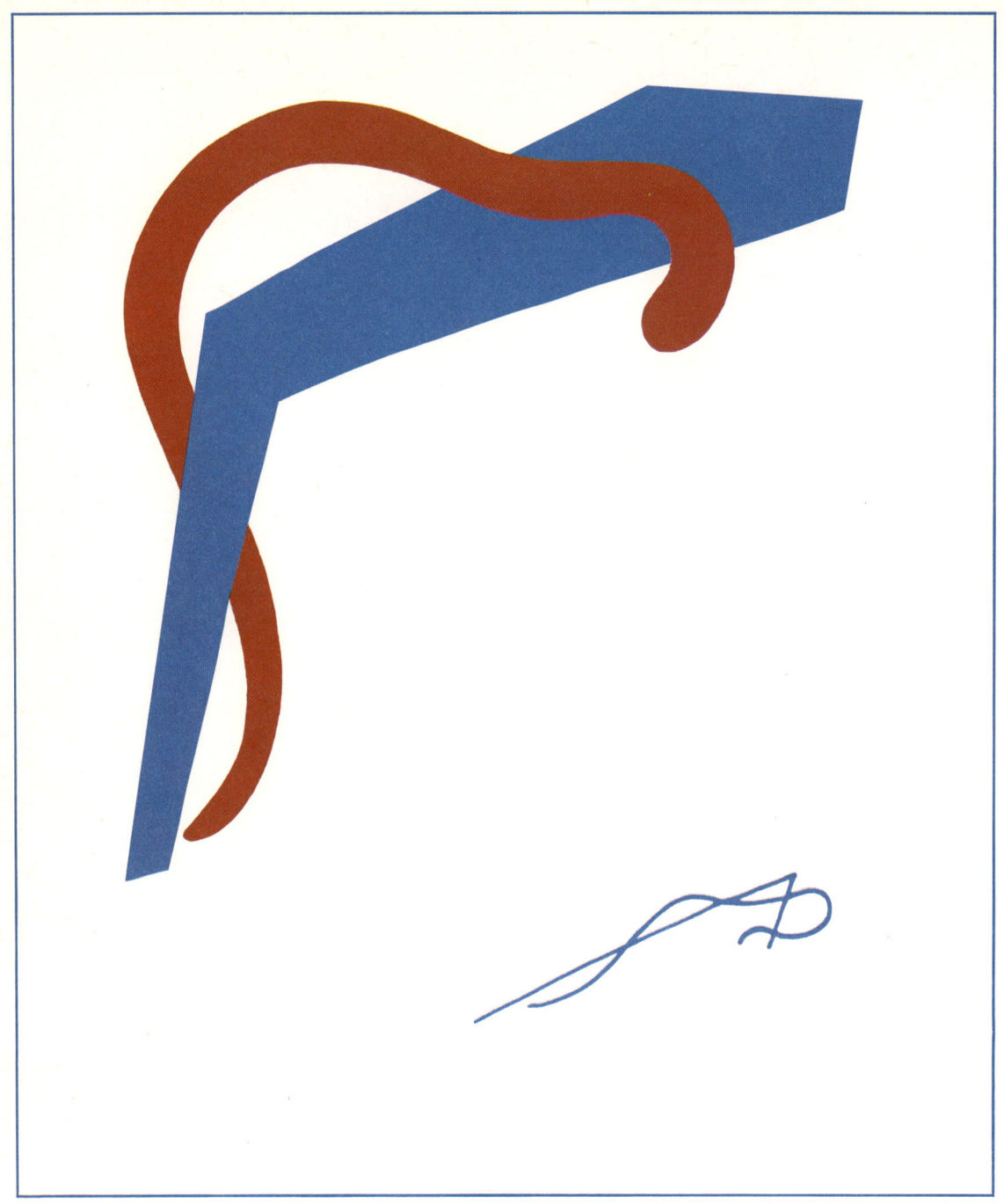

*Zeichen für Internationale Laboratorien,
Arlesheim, Schweiz 1920,
seit 1924 Weleda AG, Heilmittelbetriebe,
Arlesheim und Schwäbsch-Gmünd.*

Für die Werbung wird der Schlangenstab flächenhaft verstärkt und farbig: blau die stützende, tragende Gerade, rot die bewegte Schlange.

Der Stab des Äskulap ist zum Balken verbreitert; dieser winkelt sich ab und verstärkt sich dem oberen Ende zu. Die rote Schlange umspielt den blauen Winkel-Balken, zunächst durch ihre Gegenbewegung dem Motiv Gleichgewicht verleihend, dann in leichter Durchbiegung nach rechts ziehend. Zuletzt wendet sich der Kopf der Schlange abwärts, wodurch sie an alte Darstellungen der «Ehernen Schlange» erinnert.

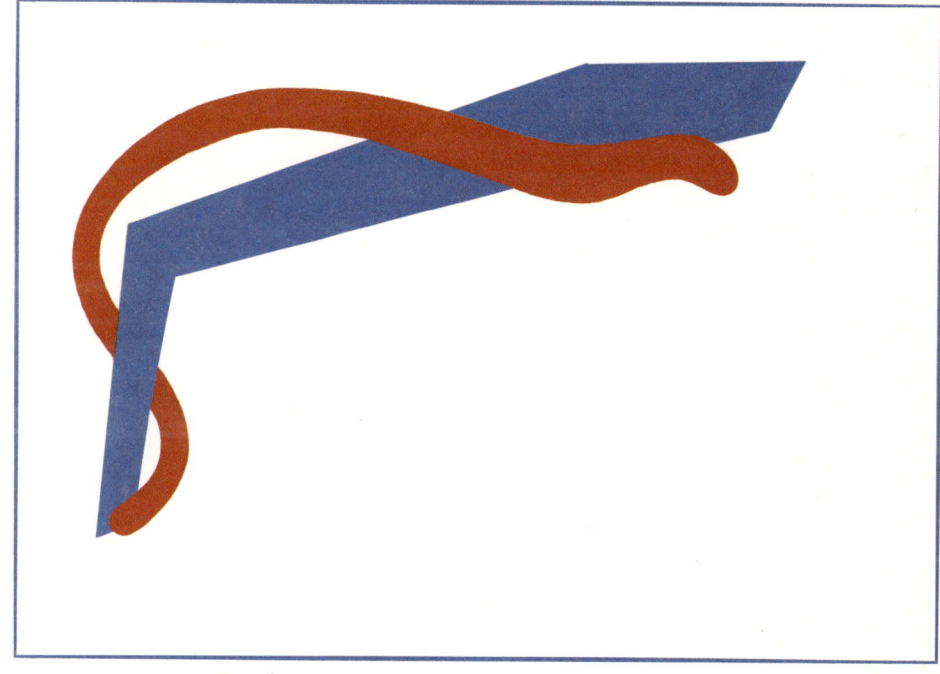

Abwandlung des Zeichens für schmales Hochformat

Hier ist die ausladende Geste des blauen Balkens stark zurückgenommen, dafür der Scheitel des Winkels verstärkt und die Bewegung der Schlange gestaut und intensiviert.

Abwandlung des Zeichens für das breite Querformat

Für dieses Format lädt der Balken noch weiter in die Horizontale aus; er wird auch hier durch den schwungvollen Bogen der Schlange im Gleichgewicht gehalten.

Vignetten auf den Vorderseiten der Verpackungen der «Internationalen Laboratorien», Arlesheim, Schweiz 1920.

Zu den flächig gestalteten Verpackungszeichen schuf Rudolf Steiner Vignetten, die den durch die schräglaufende Schrift unten freigelassenen Raum erfüllen. Während bei dem Bucheinband diese Stelle für die Hand frei bleibt, kann bei der Verpackung hier eine Vignette erscheinen.

Entsprechend dem Format ist dieses ganz linienhafte Zeichen entweder breitlagernd oder in die Höhe aufgeteilt. Die Schlange spannt sich nicht mehr über den Winkel hinweg, sondern krümmt sich unter ihm hindurch. Dem Charakter der Vignette gemäß sind diese Zeichen trotz ihrer Bewegtheit in sich geschlossen.

Verschluß-Zeichen für die Packungen der «Internationalen Laboratorien», Arlesheim 1920

Die Zeichnung zu diesen Schlangenmotiven zeigt deutlich das Über- und Untereinander der Bewegung. Die Linien sind ausgebreitet, bilden kopfähnliche Verdickungen am Ende. Dreifach sind die Überschneidungen des Zeichens für den Deckel der Verpackung, dagegen zeigt die energische Überkreuzung auf dem Boden das

Geschlossene, Haltende. Auf einem runden Schachteldeckel wurde die breite, flache Variation des Motives verwendet.

Motiv für das Klinisch-Therapeutische Institut Arlesheim, Schweiz 1922, später Ita-Wegman-Klinik.
Zeichnung von Rudolf Steiner, verkleinert.

Während für die werbewirksamen Firmenzeichen die plakative Breite und die Zweifarbigkeit gewählt wurde, ist dieses Zeichen durchsichtig, durchlässig. Winkel und Schlange sind durch An- und Abschwellen der Konturlinie zu einer letzten Vereinfachung gesteigert. Es ist zu bemerken, daß der Winkel so geführt ist, daß er sich selber hält und die Schlange trägt.

Handschrift

Auch die Handschrift, für den Erwachsenen oft der letzte Rest zeichnerischer Betätigung, sollte mit Liebe gepflegt werden. Das vom Auge, nicht von einer mechanischen Handbewegung her geführte Schreiben hat eine seelisch-gesundende Wirkung. Es erzeugt eine gewisse Verantwortlichkeit gegenüber der Umgebung, ein gewisses Achtgeben auf das, was wir sonst im Leben tun.[1]

Der Entwertung der individuellen Handschrift stellt die Pädagogik Rudolf Steiners den künstlerischen Impuls entgegen, der bei der Entstehung der Schrift aus dem Bild gewaltet hat. In den ersten Schulstunden lernen die Kinder voll Ehrfurcht die gerade und die gebogene Linie bewußt erkennen und zeichnen; durch vielerlei Übungen werden sie in die Gestaltung der bewegten Linie eingeführt. Dann erst wird der Buchstabe aus einem farbigen Bild heraus entwickelt, als Anfangsbuchstabe eines Wesens oder Gegenstandes, dem die Form des Buchstaben ähnelt. Die Phantasie erweckt die Liebe zu den Buchstaben, die zunächst als schöne Formen gezeichnet werden; durch Metamorphose wird daraus die Schreibschrift entwickelt. So verbindet sich das Kind mit seiner Schrift und gestaltet diese im Lauf seines Lebens zum Ausdruck seiner Individualität. Auch der Sinn für die Schönheit der Druckschrift wird lebendig bleiben.

[1] vergl. R. Steiner, Erziehungs- und Unterrichtsmethoden auf anthroposophischer Grundlage, Vorträge vom 23. und 24. November 1921, Stuttgart 1960.

Buchstabenbild
Initialen
Wortbild

Zugleich mit dem ersten Niederschreiben von Texten entwickelte sich eine eigene Zeichen- und Illustrationskunst in der Ausgestaltung der Initialen, der ersten Buchstaben eines neuen Kapitels. Neben dem phantasie- und stilvollen Linienschmuck findet sich eine Fülle illustrativer Elemente, die durch Jahrhunderte hindurch alle Kunstepochen spiegeln. Der durch künstlerische Ausschmückung stark hervorgehobene Buchstabe bereitet den Leser auf den folgenden Text vor, weist auf die Bedeutung und das Gewicht des niedergeschriebenen Inhaltes hin.

Schon für die frühen Privatdrucke der Vortragszyklen Rudolf Steiners entstanden auf seine Anregungen hin Initialen, in denen sich zwei Gestaltungselemente verbanden: Die Symbolik der Säule, ihrer Aufrichtekraft und ihrer in den Kapitellformen gegebenen Beziehung zu den Planeten, und die aus verschiedenen bewegten Einzelformen sich bildenden Buchstaben.

Die Verbindung von freien Formgestaltungen mit dem allgemein bekannten, überlieferten Buchstaben ergeben Wortbilder, die neben der Information durch die Buchstaben noch eine ganz spezielle, eigene Aussage haben. Die Bild-Komposition übergreift das Einzelelement des Buchstabens.

Initialen, die auf Anregung Rudolf Steiners gezeichnet wurden und denen er die Planetenmotive der Säulen des ersten Goetheanums zuordnete. Für M die Saturn-Säule, für K die Mars-Säule, H, B, D die Merkur-Säule, für E, I, P, V die Jupiter-Säule und für A, F, W die Venus-Säule.

Mitgliedskarte für den Verein des Goetheanum, der freien Hochschule für Geisteswissenschaft (Gold auf violettem Grund).
Dornach 1919/1920

Detail aus der Titelzeichnung für «Das
Goetheanum», Internationale Wochenschrift für Anthroposophie und Dreigliederung. Dornach 1921

Schriftbild

Eine jahrtausendalte Schriftkunst begleitet den Wandel der Stilepochen, die Spiegelbilder der menschlichen Bewußtseinsentwicklung sind. Die Tradition der Schreibkunst ist von der Buchdrucktechnik verdrängt. Immer neue Techniken werden eingesetzt, das geschriebene Wort zu vervielfältigen.

Während die Buchseite durch die horizontalen Zeilen gleichmäßig eingeteilt wird, erhalten die freigeführten Schriftzeilen der Titelseiten und Plakate vielfach eine Aufwärtsbewegung nach rechts, was von Willensintensität zeugt. Auch die Einzelbuchstaben nehmen dann des öfteren diese Schrägrichtung an, die der schreibenden Hand gemäß ist und der Einfügung in den Strom des Geschehens entspricht.

Mit dem Kleiner- oder Größerwerden der Buchstaben schaffen wir den Ausdruck dynamischer Eigenbewegung. Schriftgröße und Zeilenabstände ergeben das Bild, gliedern und ordnen die Titelseite nach Bedeutung und Aussage.

1. Es zeigt sich die Möglichkeit, die Schriftzeilen so zu führen, daß der Impuls ihrer Bewegung außerhalb der linken Begrenzung liegt, so daß die Zeilen strahlenförmig aufgefächert erscheinen. Ein ausrufendes, aktives Schriftbild entsteht.

  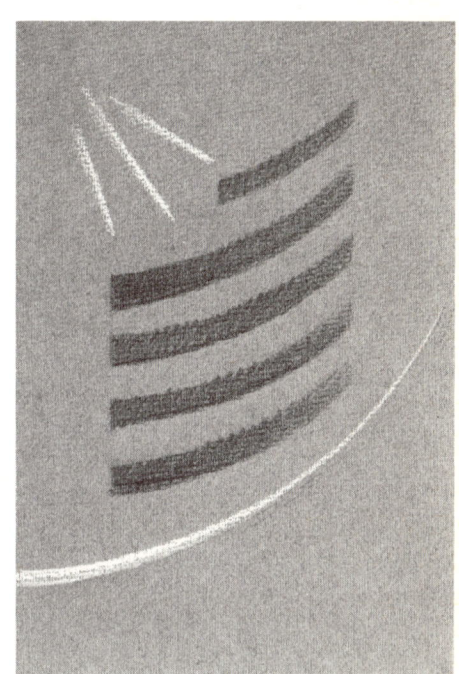

2. Ein gegenteiliger Schriftcharakter offenbart sich, wenn das organisierende Zentrum rechts außerhalb der Grundfläche liegt. Dadurch scheinen die Zeilen auf ein gemeinsames Ziel gerichtet und auf ein Zukünftiges konzentriert.

3. Greift von unten rechts eine Kraft diagonal nach oben in den Schriftstrom ein, so wölben sich die Schriftzeilen zu schwingenden Bögen, bringen eine eigene Aktivität und Kraft zum Ausdruck.

4. Wenn das Zeichen links oben sehr dominiert, weichen die Schriftzeichen vor diesem nach unten aus und begleiten seine Form in mitschwingenden Bögen. Die Schriftführung erscheint passiv, als Ergänzung des schon im Zeichen Ausgesagten.

Literatur

Hagen Biesantz, Kretisch-mykenische Siegelbilder. Marburg 1954.

Hagen Biesantz, A. Klingborg, Der Bauimpuls Rudolf Steiners. Dornach 1978.

Hedwig Hauck, Handarbeit und Kunstgewerbe. 4. Auflage, Stuttgart 1977.

Wassily Kandinsky, Punkt und Linie zur Fläche. 1926.

Richard Karutz, Die Ursprache der Kunst. Neuauflage, Stuttgart 1967.

Carl Kemper, Der Bau. 2. Auflage, Stuttgart 1974.

Friedrich Kempter, Akanthus. Leipzig/Straßburg 1934.

Friedrich Kempter, Rudolf Steiners sieben Zeichen der planetarischen Entwicklung. 3. Auflage, Dornach 1977.

Paul Klee, Das bildnerische Denken. Schriften zur Form- und Gestaltungslehre, bearbeitet von Jörg Spiller, Basel-Stuttgart 1956.

B. Meyer-Jakobs, Kleinodienkunst nach Hinweisen und Entwürfen von Rudolf Steiner, Dornach 1929.

H. R. Niederhäuser, Formenzeichnen. Ein pädagogisch-künstlerischer Impuls Rudolf Steiners. Basel 1974.

Sixten Ringbom, The sounding cosmos. A study in the spiritualism of Kandinsky and the genesis of abstract painting. Abo 1970.

Emil Schweigler, Rudolf Steiner als illustrierender Künstler. Dornach 1941.

Rudolf Steiner, Wesen und Bedeutung der illustrativen Kunst. 2 Vorträge, Dornach 1917 und 1918. Dornach 1940.

Rudolf Steiner, Erziehungs- und Unterrichtsmethoden auf anthroposophischer Grundlage. Vorträge vom 23. und 24. November 1921, Stuttgart 1960.

Rudolf Steiner, Mein Lebensgang. Dornach 1962, GA 28.

Rudolf Steiner, Kunstgeschichte als Abbild innerer geistigen Impulse. Vorträge Dornach 1916–18, GA 292.

Rudolf Steiner, Wege zu einem neuen Baustil. Dornach 1914, GA 286.

Rudolf Steiner, Bilder okkulter Siegel und Säulen. Dornach 1977, GA 284/285.

Michaela Strauß, Von der Zeichensprache des kleinen Kindes. 2. Auflage Stuttgart 1978.

Assja Turgenieff, Die Goetheanum-Fenster-Motive. Dornach 1935.

Pierre Volboudt, Die Zeichnungen Wassily Kandinskys. Köln 1974.

DER MODELLBAU VON MALSCH UND DAS ERSTE GOETHEANUM

Zum Bauimpuls Rudolf Steiners.
Von ERICH ZIMMER

61 Seiten mit zahlr. Abbildungen und Zeichnungen,
Pappband.

Rudolf Steiners Dornacher Goetheanum-Bauten sind in
zahlreichen Veröffentlichungen behandelt worden. Eine
eigenständige, architektonisch sehr interessante Vorstudie
der sogenannte Modellbau von Malsch, ist dagegen wenig
bekannt, ja, er war jahrzehntelang nahezu vergessen. Es
handelt sich um einen kleinen Kuppelraum, der von einem
Ellipsoid mit einem durch zwei mal sieben Säulen gebilde-
ten Umgang bestimmt ist. Er wurde nach Angaben Rudolf
Steiners von E.A.K. Stockmeyer in den Jahren 1908/09
errichtet, Rudolf Steiner legte im April 1909 selbst den
Grundstein dazu.
Mit diesem Buch ist erstmalig die Möglichkeit gegeben, sich
gründlich und zusammenfassend über die Bedeutung und
die Stellung des Malscher Modellbaus in Steiners architekto-
nischem Werk zu orientieren.

VERLAG FREIES GEISTESLEBEN · STUTTGART

RUDOLF STEINER ALS ARCHITEKT VON WOHN- UND ZWECKBAUTEN

Von ERICH ZIMMER

248 Seiten mit ca. 450 Fotos und Zeichnungen. Großformat, Leinen.

Im Umkreis der beiden Goetheanumbauten in Dornach bei Basel sind in den Jahren 1914 bis 1924 eine Reihe von Gebäuden nach Entwürfen Rudolf Steiners entstanden, die aus der Struktur des Geländes heraus und im Hinblick auf die ihnen jeweils zugedachte Funktion den baukünstlerischen Gedanken des Goetheanums aufgreifen.

Die so entstandenen Wohn- und Zweckbauten sind heute über den historischen Aspekt hinaus von Bedeutung als Beispiele eines nicht von der Technik bestimmten, sondern auf den Menschen bezogenen Bauens. Anhand des hier zum Teil erstmals veröffentlichten Materials ist es möglich, sich einen vollständigen Überblick über den heutigen Bestand der Bauten einschließlich aller erreichbaren Entwürfe, Modelle, Grundrisse usw. zu verschaffen. Die ausführlichen Beschreibungen geben gleichzeitig eine zuverlässige Einführung in Steiners architektonische Bestrebungen.

Inhalt: Glashaus, Heizhaus, Haus Duldeck, Haus Vreede, Haus van Blommestein, drei Eurythmiehäuser, Haus de Jaager, Transformatorenhaus, Stuttgarter Eurythmieschule, Eurythmieanbau, Umbauten Haus Brodbeck, Haus Wegman, Haus Schuurman.

VERLAG FREIES GEISTESLEBEN · STUTTGART

DER BAU

Studien zur Architektur und Plastik des ersten Goetheanum.

Von CARL KEMPER

Aus dem Nachlaß herausgegeben von Hilde Raske unter Mitarbeit von Albert v. Baravalle, Friedrich Häusler, Heinrich Kern und Georg Unger.
2. Auflage, Großformat, 272 Seiten mit über 300 Abbildungen, Leinen.

Der verstorbene Architekt Carl Kemper war maßgeblich am Ausbau des zweiten Goetheanum in Dornach beteiligt. Seine über lange Jahre sich erstreckenden Bemühungen galten jedoch besonders der Plastik und Architektur des ersten Goetheanum. Aus der Fülle des in seinem Nachlaß vorgefundenen Materials wird hier das Wichtigste veröffentlicht, insbesondere Studien zur Plastik (Außenfronten, Säulen), zum Grundriß (mit umfangreichen mathematischen und geometrischen Berechnungen) sowie zur Anwendung des Metamorphose-Gedankens für die bildende Kunst. Der Text wird ergänzt durch eine große Anzahl von Abbildungen aus der Bauzeit des ersten Goetheanum, durch geometrische Konstruktionen zur Erläuterung des Grundrisses sowie durch Zeichnungen und Skizzen zu künstlerischen Problemen wie die Siegel, die Metamorphose der Kapitäle oder die Inversion.

Neben Rudolf Steiners eigenen Erläuterungen, die Kemper mit umfassender Kenntnis heranzieht, werden Kempers Studien zu einem besseren Verständnis dieses einzigartigen Bauwerkes beitragen können.

VERLAG FREIES GEISTESLEBEN · STUTTGART

Sprechender Beton
Wie Rudolf Steiner den Stahlbeton verwendete
REX RAAB / ARNE KLINGBORG / ÅKE FANT

Inhalt: Vorwort – Moderne Architekten machen eine Entdeckung – Ein Bau erhebt sich aus der Asche – Der Dornacher Hügel – Ausblick.

180 Seiten, mit 126 Abbildungen. Großformat. Leinen.

Goetheanum-Glasfenster
GEORG HARTMANN

Inhalt: Der Goetheanum-Bau – Die farbigen Glasfenster – Die Technik der Glasradierung – Die Bildmotive der Glasfenster.

80 Seiten mit 12 farbigen und 18 Schwarz-Weiß-Abbildungen und zahlreichen Textzeichnungen, kartoniert.

Auch in Englisch und Französisch vorhanden.

Der Goetheanum-Bau
DIETRICH HAGEN

Ein Gang durch das Goetheanum

48 Seiten mit zahlreichen farbigen und Schwarz-Weiß-Abbildungen – Zeichnungen von Werner Kehlert, kartoniert

Die Holzplastik Rudolf Steiners in Dornach
ÅKE FANT / ARNE KLINGBORG / A. JOHN WILKES

Inhalt: Einleitung von Hagen Biesantz – Die große Plastik und ihre architektonische Umgebung – Erläuterungen Rudolf Steiners zu seiner Holzplastik – Der Werdegang der großen Plastik – Das große Modell.

86 Seiten mit 73 Abbildungen, Leinen.

Das Goetheanum
Der Bauimpuls Rudolf Steiners
HAGEN BIESANTZ / ARNE KLINGBORG
unter Mitwirkung von Åke Fant, Hans Hermann, Rex Raab, Nikolaus Ruff

Inhalt: Vorwort – Auf dem Wege zu einem neuen Baustil – Das erste Goetheanum – Das zweite Goetheanum – Rudolf Steiners Ästhetik – Rudolf Steiners Bauimpuls in der modernen Architekturgeschichte – Das Goetheanum in der Fachliteratur – Das Weiterwirken von Rudolf Steiners Bauimpuls – Zur Architekten-Arbeit am Goetheanum – Architekten-Verzeichnis – Die Dornacher Bau-Chronik – Literatur.

132 Seiten, 170 Abbildungen, z. T. farbig, Format 21,5 × 26,5 cm, kartoniert.

Das erste Goetheanum als Menschheitsbau
DANIEL VAN BEMMELEN

Inhalt: Das erste Goetheanum als Tempel des menschlichen Leibes – Das erste Goetheanum als Tempel der neuen Mysterien.

92 Seiten mit zahlreichen Abbildungen, kartoniert.

Rudolf Steiners malerischer Impuls
Ein Werkverzeichnis

Aus dem Inhalt (farbige Abbildungen): Urpflanze – Kopf des Kentauren – Lichtesweben – Der slawische Mensch mit Doppelgänger, Engel und Kentaur – Der slawische Mensch und der germanische Eingeweihte – Griechenland und das Ödipus-Motiv – Der Mensch im Geist – Sonnenaufgang – Mondaufgang – Neues Leben.

44 Seiten mit 10 farbigen und 8 Schwarz-Weiß-Abbildungen, kartoniert.

PHILOSOPHISCH-ANTHROPOSOPHISCHER VERLAG, GOETHEANUM, CH-4143 DORNACH